some were just

es qué fueron solo

the Fragments los Fragmentos

poem(a)s

Misael Osorio-Conde

BAOBAB PRESS
RENO · OMAHA

some were just

the Fragments

es qué fueron solo

los Fragmentos

First Printing

ISBN-13: 978-1-936097-70-8

Library of Congress Control Number: 2026942509

Baobab Press
316 California Ave, 24
Reno, Nevada 89509
www.baobabpress.com

For my family and friends and all the fragments

that make my fragments

better fragments.

Contents	Contenido

3 the body : a triptych	la carne : un cuadro en tres partes 4

i. there must be a misunderstanding	i. a mi cómo que algo no me cuadra
8 no more ~~cranes in orange groves~~	~~hoy ya no hay~~ grullas en los naranjales 9
10 finding no room for sand	sin encontrar espacio para la arena 11
12 the state	estado de animo 13
14 on journeys	la travesía 15
18 terraform	la conquista del espacio 19
26 by a count of hands	a conteo de manos 27
28 fugues	destellos 29
30 written on a digital napkin	escrito en una servilleta digital 31
32 napoleon too	y napoleon tambien 33
34 the trip continued	la gira sigue 35
38 ditch : some sort of empty	zanja: cualquier tipo de hoyo 39
40 nightname preferences	buscando nombrenocturno 41
42 program returns some number	el programa da cualquier resultado 43
44 mothernourishment ii	nutricionmaterna ii 45
46 numb & numbers	entumido & con numeros 47
48 lines / sentences ii	lineas / oraciones ii 49
50 things to do with color	hecho a color 51

ii. things to do with color	ii. hecho a color
54 cruzando	crossing over 55
58 soap & pillows or not even sugar pills	ni jabon, ni almohadas & ni siquiera pastillas de azucar 59
62 when we were left behind we had to leave too	cuando nos abandonaron también tuvimos que partir 63
66 mistake(n)	err(a/o)r 67

70 learning

71 born here / alternative interview

74 pastoral : en el lugar del venerable pan de maiz	pastoral : in the place of the venerable corn bread 75
76 water as a mother	aguamadre 77
78 nourishment (taste of previous tones)	nutrición (sabor de notas previas) 79
80 go little wheel go go	vamos ruedita va y vamos 81
82 of water, hunger, and other corpses	fue el agua, el hambre y otros cadaveres 83
84 poema	another (translated) story 85

86 the terror	el terror 87
88 maudies reliquary of an end: talking to	el relicario de maudie: la charla final 89
94 another verdict for the suspected genocidic lady	veredicto alternativo para la sospechosa señorita genocidica 95
96 another portrait for wind	otro retrato de viento 97
iii. so no work was done for the day	**iii. asi que hoy no se hizo nada**
100 it wasnt the salt mines	no fueron las minas de sal 99
102 little mozarts on learning how to talk	el pequeno mozart aprende el habla 103
104 rearranged sentences	oraciones rearregladas 105
108 so no work was done for the day	asi que hoy no se hizo nada 109
110 in complete shambles	desbaratado por completo 111
112 "It is like the story where nothing ends and nothing begins"	"It is like the story where nothing ends and nothing begins" 113
116 errores líricos	lyric failures 117

125 *Acknowledgments*

126 *About the Author*

"All 'mistranslations' in these poems should be read as purposeful."

—Natalie Scenters-Zapico

the body : a triptych

i.

will you know how to hunt when im gone
i now leave it to you to decide where to put my lips
the glass like me wanted to kiss
                                        your face in a million
                              places
that line of maple trees
                                  at the end of the road
got to caress mine
called it baptism by mulch
what a wild banquet
warm legs blood in my pockets & cold
bites of skin dissolving on the tongue
of the windshield

ii.

the blasted sand he had not seen pooled on the border against its walls the blasted sand he had not seen in all the 17 years he had lived below a border held in place by sand pooled in all the corners of the day filling his memories filling so many dendritic wells there was a night a plane he took an overnight stay in an alien room which was by all accounts collapsing upon itself and then more sand pooled by the window blasted sand making an outside curtain to the south blocking the direction he had come from

iii.

today i write
as if ive known her
for many many years
back home
it was a hundred
degrees
people were
miserable
i think ill write love
this thing i wanted
i have intentions
i am not permitted
to discuss here
the taste of bees in
her hair
the awareness of
worms
a love letter
noting
that nothing with
her is certain
a bad translation
i wanted to read
the smoke
ballooning
over the fireplace
i did what i was told
i erased the
recordings
when i told her
about the pears
she cried
i submit to you
now
the copies

la carne : un cuadro en tres partes

i.

y sabrás cómo cazar cuando ya me haya ido
ahora te dejo a que decidas dónde poner mis labios
el vidrio igual que yo tenías muchas ganas de besar
    tu cara en un millon de puntos
así / esa linea de arces
    al final del camino
por fin pudo tocar la mía
dirás que es un bautizo en aserrín
a pero que banquete salvaje
las piernas tibias sangre en los bolsillos y piel
en trocitos que se disuelven en la lengua
frígida del parabrisas

ii.

aquella maldita arena que el nunca había visto hasta aquel entonces amontonada contra las paredes la maldita arena aquella que el nunca había visto en sus 17 años en los que vivió bajo una frontera aplastada en su lugar por más arena escurriéndose por todas las esquinas de un día que llenaba sus memorias llenaba tantos de sus vasos dendríticos así fue que con tanto ruido tal vez hubo una noche un vuelo que alcanzó a tomar la estadía de trasnoche en un cuarto en el exterior que por todas partes daba de ver que se derrumba en cualquier momento y luego más arena escurriéndose por las ventanas maldita arena que formaba una cortina hacia el sur bloqueando la dirección de donde el algún día vino

iii.

hoy escribo
como si ya la conociera
de muchos años antes
de vuelta en casa
la cosa está que arde
y la gente está que no
se aguanta
creo que escribiré amor
esta cosa que quisiera
y tengo tantas ganas
pero no me es permitido
discutir aquí
el sabor de las abejas
en su cabello
y el saber de los
gusanos
una carta más
y notar
que con ella nada
está seguro
traducción pésima
qué quise leer
en el humo
aglobandose
sobre las brasas
yo hice lo que me dijeron
y borre todo
eso que un día grabé
cuando le dije
lo de las peras
ella también lloró
aquí
te dejo hoy
los originales

i. there must be a misunderstanding

You have kin in Mexico.

—Eduardo C. Corral

i. a mi como que algo no me cuadra

Tú tienes familia en México.

—Eduardo C. Corral

no more ~~cranes in orange groves~~

<table>
<tr><td>frágil</td><td>one / fragile bloom of carbon</td></tr>
<tr><td>soy despues</td><td>i am / after all / only direction</td></tr>
<tr><td>poeta</td><td>counts / to the poet / when he crossed</td></tr>
<tr><td>la frontera</td><td>the crossing / out of his memoir</td></tr>
<tr><td>olvido desechar mis memorias</td><td></td></tr>
<tr><td>ya yo</td><td>later i would / go on to recount</td></tr>
<tr><td>aunque</td><td>how even / though my gourd for water</td></tr>
<tr><td>aún tuve</td><td>was filled with ash / i still had to drink</td></tr>
<tr><td>solución</td><td>that wormy solution / to talk</td></tr>
<tr><td>de regreso al poeta sus ojos</td><td></td></tr>
<tr><td>on the ground</td><td>back to the poet / how his eyes</td></tr>
<tr><td>apuntaban</td><td>pointed towards the Salton Sea / before</td></tr>
<tr><td>su ultimo</td><td>he breathed his last / it had been centuries</td></tr>
<tr><td>respiro</td><td>perhaps / since hed been back to his village</td></tr>
<tr><td>de regreso cargando baldes llenos de noche</td><td></td></tr>
<tr><td>sus padres</td><td>or was it his parents village / mine</td></tr>
<tr><td>eran niños</td><td>were children then / if my count amounts</td></tr>
<tr><td>algo que parece</td><td>to anything / resembling tragic fall of Pb</td></tr>
<tr><td>tragico</td><td>drops / when the soldier with his dogs</td></tr>
<tr><td></td><td>lo persiguió pasando la colina</td></tr>
<tr><td>he never had a chance</td><td></td></tr>
<tr><td></td><td>forgive me though / i dont have access</td></tr>
<tr><td></td><td>to these places</td></tr>
</table>

~~hoy ya no hay~~ grullas en los naranjales

as a brittle drop / of carbon
i move / in the end / towards
meaning / not as poet debating
to plunge / beyond familiar sounds

y ya
despues
lejos de la frontera
voy a ser el poeta

que olvido desechar sus memorias

much later / past my bedtime
& well beyond my cups / i attempt to count
tardigrades / stuck to the bottom
of the glass / i call again

y hoy
aunque
aún pudiera
volver a empezar

mis ojos me niegan volver a la tierra

the pilot in a frenzy / his dials pulled
towards the place of seashells / before
going out in a flash / it had been mere
seconds / since his village got sighted

through the compost
el vapor
que respiro
dice que esta frio

sin retorno y con un bulto de palabras

on top of his parents village again / my own
children were there / if the tracker
can still be trusted / to measure forever
chems on the field / by now deloused

mi parentela
en su criminal
infancia también
debio huir

era de esperar que los tendrían vigilados

but no, i never had to change

how am i to show the place / with a diagram

if the place has been made to vanish

finding no room for sand

— *after some chapter in Joyce's* Ulysses

only the dead are capable Maudie. how then my love,
he cannot sleep, he cannot dream like others
do? with no friends even those who translate us.
ought to give him so transfigured. give him kindness.
ha, anything but that. besides no decent insurance
and therefore bad art. so transported, wrapped
in fertilizer bags, the body blooms carbon. *one ought*
to report the miracle, he says. wait my love and i
will be with you. say, now do you believe in pillows?
do you believe that with friends what sometimes
happens has happened? they think it funny of course
or whatever; how a found skull appears to smile
with dissimulation. there was so much water then
but no salt to salt the bones
Maudie, if only the dead are capable, he wont want
to be found, so let him drink that ocean of sparks.

sin encontrar espacio para la arena

— *después de leer algún capitulo del* Ulysses *de Joyce*

y Maudie, solo los muertos lo pueden. si no, mi cielo,
como es que no puede dormir, no puede soñar como los otros
lo hacen? sin amistades aun las que pudieran traducirnos.
algo se le daria de tan transmutado. otorgarle clemencia.
todo menos eso, vaya. aparte ni siquiera módico seguro
y por ende arte decadente. transportado asi, envuelto en bolsas
de fertilizante, su cuerpo floreaba carbono. dijo que *alguien*
debería reportar el milagro. espera mi cielo y ya estaré
contigo. dime, acaso podrías creer en las almohadas?
podrías creer que con los amigos aquello que en ocaciones
sucede ya ha pasado? obvio, que les causaría gracia
o lo que sea; el encontrar un craneo que parece sonreír
a lo disimulado. por entonces había agua de mas
pero nada de sal para curtir los huesos
Maudie, si tan solo nuestros muertos pudieran, el no querría
ser encontrado, déjalo pues que se beba ese océano de chispas.

the state

&
we could move to the hills
in the larger scheme of things
it seems practical to ask
& they would send the documents
            demanding the dead of the poet

but what if my father should die
on a sunday without the last rites
because the priest forgot his sermon
at the altar / *cant really stay awake*
cant really stay here for long
                he mumbles something
clearly im writing without my hands
& this is the now
the clouds in the ceiling predicted
it was obvious
that they could not have imagined
the crossing without a diagram

then the priest my father
with his callous hands touched my forehead
that was my dirt
i felt on his moist fingertips
dirt from the well or
                    was it the grave i dug
& then we left
because i dont know these people
or the messages he will not deliver

i will go down to mexico
i will offer up my carcass to the snake
i will wear again the high heels i wore that night
i will say my piece
i will make my bed
& pay

estado de animo

&
nos podríamos ir pa' los cerros
ya a la larga
que mas da mendigar
& nos tendrían que mandar los documentos
que exigen la muerte del poeta

y si mi padre se fuera a morir
un domingo cualquiera sin los últimos
ritos porque el cura olvido su sermon
a la mera hora / *apenas se puede estar de pie*
apenas si puede estar aquí por un rato
dice un algo entre dientes
es claro que escribo sin tener que usar mis manos
& este es el hoy
que un dia las nubes en el techo pronosticaron
era tan obvio
que nunca pudieron imaginar
la fuga sin sus dibujos

entonces el cura mi padre
con sus manos todas callosas toca mi frente
y esa fue mi tierra
que senti en sus dedos húmedos
tierra de aquel poso o
seria de la tumba que cave
& fue entonces que debí partir
porque ya no conozco a esta gente
o el mensaje que nunca se va a entregar

me ire pa' Mexico
le voy a ofrecer mis restos a la serpiente
me voy a poner los tacones que use esa noche
les dire mi cuento
voy a hacer mi pan
& pagare lo que debo

on journeys

inside the bones i am an eye / and not at all

here / shouting an eye

shouting the bones

looking inside for the bones / of my late
father / all the bones

of my soontobe mother

mother my parents who died / while running

away from coyotes / who died

while crossing this river of ash / who

died / who died while spitting
for days the sand out of their lungs

who died removing the sound out of the ground / to confuse
hellish pursuing dogs / my parents

bloodied rags who died

coughing the sand / out of their mouths shaking the sand

out of their ears / the sound a river of ash in their aching skulls

the sound a mouthful of sand blasting their facial holes

the sound a river of sand streaming uphill / loaded
with an alien accent / accent they heard garbled with gunshots and bad news

////

la travesía

adentro de los huesos soy un ojo / y no estoy para nada

aqui / gritando un ojo

gritando los huesos

buscando en mi interior por los huesos / de mi ya muerto
padre / todos los huesos

de la queprontosera mi madre

madre mi parentela que murió / huyendo

de los coyotes / murió

cruzando este rio de cenizas / que

murió / murió escupiendo
dias enteros la arena de sus pulmones

que murió intentando despegar el sonido del camino / para confundir
a galgos infernales / mi parentela

trapos sangrantes que murieron

tosiendo la arena de sus bocas / sacudiendo la arena

de sus oídos / con el sonar de un rio de cenizas en sus craneos pulsantes

el sonido un bocado de arena aplastando sus hoyos faciales

el sonido un rio de arena cuesta arriba / cargado
con un acento todo raro / acento que oyeron mascado de tiros y malas noticias

////

news the river carried

cries from a faceless mouth

about the missing heart

and how it was found

later / loaded with tire tracks

so that was it for me

bones

just a piece of ground cleared out of its water

ground they dont want me to dig

because i dont live / here

anymore
/

noticias que el rio llevaba

lamentos de una boca sin cara

de aquel corazón extraviado

y como fue hallado

despues / cargado con marcas de llanta

asi que para mi eso fue todo

huesos

solo un pedazo de tierra chupada de su agua

tierra que no quieren que rasque

porque yo no vivo/ aqui

ya mas
/

terraform

this version
has no known
original

so once more im forced
to consider
is it wrong

to consider the man
born to crawl the ground
to manufacture his meals

i could
hardly keep my own
limbs & back straight

i wanted
to carry his head
on a platter

to you
to your closed
doorstep

but i was easy prey
i was prey
to his moans

gurgling
he was urging
patience / patience

he said
he said again

la conquista del espacio

hasta donde yo se
esta version
no tiene original

así que una vez mas me veo obligado
a preguntar
si es un error

considerar al hombre
que nace para arrastrarse sobre la tierra
y así crear su comida

yo apenas
si puedo sostener
mi espalda y extremidades en buena postura

aun así queria
entregar su cabeza
en una charola

llevártela a ti
a tu umbral
cancelado

pero fui presa facil
yo fui presa
de sus aullidos

que al gargajear
pedian
paciencia / paciencia

pedia
y pedia otra vez

in time i will be given

the time
to talk about the dying
gardens / i had

to place / his teething mouth
inside
a discarded grocery bag

but it wasnt
enough
lack of ice for the road

& other minor
worries started to gnaw
at my mind : the state

of his neurons
as he dreamed
of the salt miners

his endless desire
to touch
my face

with that sticky web
of saliva
that that in better days

could erase
my craving for soda
pop / so i

picked
another plastic

con tiempo te van a dar

mas tiempo
para hablar de los jardines
agonizantes / yo tuve

que poner / su boca denteante
dentro
de una bolsa desechable del super

pero ni aun asi eso
fue suficiente
la falta de hielo para el camino

y otros inconvenientes
menores empezaron a roer
mi tranquilidad : el estado

de sus neuronas
mientras soñaba
con las minas de la sal

su interminable deseo
de tocar
mi cara

con esa red de baba
pegajosa
que aun en sus mejores días

podia acabar
con mi antojo por sodas
en lata / asi

que levante
otra bolsita

baggie from the garbage

hoping there would
be enough
air to keep

his features
from rotting / if only
i popped

enough holes / i could
hear his rasping
breath

i had to
laugh
because his chewing

of popcorn / was
like the popping of bubble
wrap

why does all that
sound
make it easier to picture

his pleased mouth
as it chewed
& chews that singed plastic

smothered in
butter / is it
wrong

to believe

plastica del basurero

esperando a que tuviera
suficiente
aire para mantener

sus gestos faciales
sin podrirse / si tan solo
picara

suficientes hoyos / podría
oir su respirar
áspera

no me pude contener
la risa
porque su mascar

de palomitas / sonaba
como el tronar plastico
de los globitos

como es pues que todo
ese ruido
hace mas fácil figurar

su boca satisfecha
mientras masca
ese plástico chamuscado

escurriendose
de mantequilla / dime que es
un error

creer

that oil
will save us from ourselves

look
at all that grass
growing / from the mountains

made with our garbage

que el petroleo
nos salvara de nosotros mismos

mira
todo ese pasto
creciendo / de las montañas

hechas con nuestra basura

by a count of hands

sea / the music in a seers mind / outside lights
up / replicating how in the folds of a name
another label blooms / to swallow shadows whole
/ since then / since i was ten or some / i have
been sprinkling ice & detergent / to deal
with dirt all over my meals / only halfway eaten
beans / & fossilized materials / at the moment
hibernating civilians / cooperate / entertaining
localized desires / children that we were
in a cage / playing hide & calling sick
/ to perpetuate in reels paidtime / once i was even
told / pictures captured / command actual capital
/ pinned into a wall / with the years passing / instead
of accumulated laughter / else its just years pissing
soap / one way to flock / the fish market
as a transplant / or as liquid bodies do / i speak
the language / of people facing the flash / the seer
though facing the Mediterranean / field of bones
carried there / naked facing us / forgot to
smile / but that was before
the attempted crossing

a conteo de manos

la mar / aquella musica en la mente del oráculo / se enciende
alla afuera / duplicando la forma en que un nombre
florece debajo de otro / hasta tragarse sombras enteras
/ y así / desde mis diez mas o menos / he tenido
que rociar mis comidas / con hielo y jabón / para
tratar su inmundicia / nomas unos frijoles
mascados a medias / y materia fosilizada / mientras
unos civiles colaboradores / hibernan / y entretienen
deseos localizados / los pequeños que un día fuimos
en una jaula / jugando a las escondidas y reportándonos enfermos
/ y así alargando el negativo del pago / una vez hasta les pude
mostrar / como la imagen atrapada / puede generar capital de a deveras
/ clavada a la pared / con los años en declive / en lugar
de la risa amontonada / o al contrario solo años meando
jabon / singular forma de saturar el mercado / de mariscos
como transplantes / o como los cuerpos líquidos / yo hablo
aquel lenguaje de la gente que enfrenta el flash / y el oráculo
aun de frente al Mediterráneo / campo de huesos
arrastrados hasta allí / desnudo nos enfrenta / y olvida apagar
su sonrisa / pero eso fue antes
que intentáramos la travesía /

fuges

(a Microsoft Word poem)

—*after Carolee Schneemann's* Fuses

colors date   elements the sea   materials noising a now
            corroding chemical and direction in body parts
            fuck but not in that sense   in another language
            organs disintegrate   because
colors those weak birds dont go away   like the devil
            not a bird   its a tongue   its not woman
            or a mask   its fraction   of them   when
in the throes of spring   through feline eyes
            satisfaction shades not even colors   now it
makes sense   not even satisfaction would be enough
            no need for sound when it burns
            is this poetic suppose animals find it so   not so
much as witchcraft say   or do a ritual affection
touch   can teach   no running in the waves

destellos

(un poema del software Word)

—tras el Fuses *de Carolee Schneemann's*

correr en las olas te enseña solo el tacto afectó o un rito
no brujería por así decirlo suponiendo que los animales así lo encuentran así
poetico cuando arde no hay necesidad de sonido suficiente ni siquiera
satisfacción tiene sentido ni siquiera colores apenas tonos y a través de
ojos gatunos primavera en su agonía o una fracción humana incluso
femenina lengua hechizo y aves que se van porque esos colores débiles
órganos desintegrándose en otro lenguaje chingar pero no en ese sentido
en partes del cuerpo y dirección químicos corrosivoss
materiales que ahora son ruido elementos de la mar colores y fecha

written on a digital napkin

used to wipe the phone screen // of my constant sneezing // after a mild case of malaria // caught from turning // sticky Bible pages // i was afraid to leave unread // i was trying to measure myself in the blur of its ink // against the magnitude of dreams // in the richter scale // measure and record the vibration of my thumbs // thats how close i was to perfect // not perfect in the scale per se // but entitled still to seek amongst the refuse my digits picked // fuel for aftershocks // fuel to continue the dry heaving // and i could not get shit started // this machine with analogue dials // it only plays if my breath fogs the screen // and i get a taped recording to play the dream // about the twins wearing wolf skin // hanging from the windows // there are ducts blown about the lawn // the boiling rice soon overflows the pan // and frozen corn served in globs // one must eat right before the famine hits us in the teeth // all of it paid by direct deposit // no refunds // not today anyways // but file that request for more glazed donuts for the patient in solitary confinement // and watch it for the oily floors // damn judges everyday preventing providences progress // it was an oily floor theres no question about it and it bears repeating // i suppose a reminder was in order // its the arch of triumph the general dreamt for his mistress // or the fucked up little life of priests and ministers // by day the fog by night the thunder // and lips that neither move // nor cease to speak of unpaved roads // adobe walls and a tin roof that plays at all hours // so in the end i strip down to minor garments // just to find the poems hidden in my wet socks // that is all they paid me // to live in that town of numbers // that is all they paid me // to leave

escrito en una servilleta digital

usada para limpiar la pantalla de mi cel // de mi mucho estornudar // después de un caso leve de malaria // que pesqué de tanto voltear // las paginas pegajosas de un biblia // que estaba aterrado dejar sin leer // solo intentaba medirme en lo borroso de su tinta // contra un fondo alucinado // que se puede medir en la escala ritcher // y así contar las vibraciones de mis pulgares // tan así estuve de lo perfecto // no en lo perfecto de la escala pues // pero con el derecho de seguir la búsqueda de aquel residuo que mis dedos percibían // combustible para el contragolpe // combustible para seguir con mis arcadas // y yo no pude poner esa mierda en marcha // esta máquina con sus botones análogos // solo toca si mi respirar empaña la pantalla // así que conseguí que una cinta tocara el sueño // de los gemelos que colgados de la ventana // visten la piel del lobo // mientras los tubos se arremolinan en el patio // el arroz que hierve pronto se derrama del sartén // y coagulados los granos congelados de elote se sirven // uno se los tiene que tragar antes que la hambruna nos tumbe los dientes // y todo esto pagado con deposito directo // sin devolución // al menos no por hoy // pero llena la forma para solicitar mas donas glaseadas para el paciente en confinamiento solitario // y ten cuidado con el piso grasoso // malditos jueces que a diario obstaculizan el progreso de su providencia // tan solo era un piso grasoso ni pa'que decir y vale el repetirlo // me imagino que un recordatorio es lo que sigue // es el arco triunfal que el general soño para su amante // o la chingada vida chiquitita de curas y ministros // de día la niebla de noche el relampaguear // y labios que ni se mueven // ni dejan de fregar con eso de los caminos despavimentados // paredes de adobe y techos de lata que tocan a todas horas // así que al fin me he quedado en trapos menores // solo para encontrar poemas escondidos en mis calcetines mojados // eso es todo lo que me pagaron // por vivir en ese pueblo de numeros // eso es todo lo que me pagaron // por haberme ido

napoleon too

in the windows of the morning
someone has plastered
the price of sunlight
in black and white emojis

the grinning clown with dollar bills
for eyes offers advice to pedestrians
who at this time of the day
chew limes covered in mold

to wake up before the trains
depart while rusted speakers
blare the coordinates
to blast with asphalt

in the commotion of my resurrection
this is what i thought i heard
there was a time this song was new
now nobody wants to pay to hear it on repeat

from the other side of the galactic mirror
she answered her read wisdom
its a hit-a-pot kind of luck
i have to stop watching

these tapes i hid the medals under
my cot now their plastic wrappers
seep out of the metallic globes
made to contain them

y napoleon también

en una ventana matutina
alguien ha rotulado
el precio de la luz solar
en emojis sin color

el payaso que sonríe con el signo de moneda
por ojos ofrece consejos a los transeúntes
que a esta hora del dia
mascan limas cubiertas en moho

para despertar antes que los trenes
partan mientras que las bocinas oxidadas
gritan las cordinadas
a cubrir con asfalto

y en el bullicio de mi resurrection
esto es lo que creí escuchar
alguna vez esta canción fue nueva
ahora nadie quiere pagar por escucharla de nuevo

del otro lado del espejo galáctico
ella contesta con su sabiduría de libro
es una suerte de bacinica dorada
tengo que dejar de ver

estas cintas ya escondí las medallas
bajo mi catre su envoltura plástica
ahora se escurre de las esferas metálicas
creadas para guardarlas

the trip continued

& we went up a storm // just to see
the burnt up saguaros // how they
waved their scythe arms // after
the rain // after
the wind abated // no
i had no sensation
any longer // in the tip of my nose
as it attached itself to the fog
in the mirror // because some-
how // in the commotion we forgot
about the ice // we forgot our masks
we forgot the ladder // & later
we forgot the accounts // the ledger
that tracked with beans provisions
available // to last us a fortnight
perhaps? // & what
of the terror // you asked
what of the terror // the terror
of not being fit to write // a trip
into arizonas interior
arizonas interior a heart
of petrified trees // this winter
again // i am a man who forgot
his place // i
say // havent you noticed
what it is that people carry
up the hill // along with the certainty
that they are coming back // sleeping
& sleepless pills // granola bars
heres my orange peels // let me
trade them for your empty vials
of laughing gas // someones
gonna want to lick them
for a quarter // if i had it id give you

la gira sigue

& volamos en la tormenta // solo para ver
los saguaros chamuscados // como
agitaban sus brazos guadañeros // después
que la lluvia // después
de que el viento se calmara // ya
yo no podia sentir
nada // en la punta de mi nariz
mientras la pegaba a la neblina
del espejo // porque de alguna
manera // en el alboroto nos olvidamos
de la nieve // olvidamos las mascaras
olvidamos la escalera // & después también
olvidamos las cuentas // y los libros
que le siguen la pista con frijoles // a las provisiones
disponibles // para que nos rindan talvez
una quincena? // & que
hay del miedo // preguntaste
que hay del miedo // el miedo
de no estar en condiciones de escribir // la travesía
al interior de arizona
el interior de arizona un corazon
de arbol petrificado // este invierno
de nuevo // soy el hombre que olvido
su lugar // y luego
te digo // no has notado
lo que la gente acarrea
a la punta de ese cerro // junto con la certeza
de que nunca regresaran // píldoras
pa' dormir & pa' no dormir // barras de granola
y aquí tienes mis cascaras de naranja // deja
que te las cambie por tus frasquitos vacíos
del gas de la risa // alguien
por unos centavos // va a querer
chuparlos // si yo los tuviera te daría

two dimes // in a heartbeat
my heart beats // for a dime
a day // i am a man
who takes multivitamins // against
his will // whatever
the terror // it must be time for another
nap // yes i took handfuls
of pokeweed berries // still green
i swallowed them // for consolation
i guess // since i had to wait for a full night
sleep // i was thinking how i even
mentioned the mechanical ladder
though i couldnt have
known // it was a ladder leading up
to wagons full of mexicans // their hair
dripping delouser
but it wasnt the thirties
anymore & these days
we dont avoid the trains

un par de veintes // así como si nada
mi corazón late // por un veinte
al dia // todavía soy aquel
que toma multivitaminas // contra
su voluntad // por cualquier
miedo // ya ha de ser hora para otra
siesta // ya luego me trague puños
y puños de bayas // todavía verdes
me los trague // me imagino que para
consolarme // por tener que esperar una noche
entera para dormir // y hasta pensé en como
mencionar aquella escalera mecánica
aunque nunca pude haber
imaginado // como esa escalera llevaba
hacia vagones llenos de mexicanos // con
el cabello escurriendo de insecticida
pero ya no estábamos
en los años treinta & estos días
no le tenemos miedo a los trenes

ditch : some sort of empty

it is when im asked to recount / recount i do / the steps
it took to get from the edge / as the edge recedes / from sand
to this side of the sound / shorter rage / muffled with dew
& waves roar back / sound that i remember / then flash

a glimmer of teeth / lodging into skin and empty bones
though it only means lonely / only that / his voice lacks
his voice hangs / from the tallest branches / so you wont see
it green / or how some of us wore gloves / since it was winter

so no risk there / or if there was little risk / one could always go
back untouched / or so we thought to approach / our
greasy fingers insulated with fiber glass / then just leaves
/ he upset the tracks / so only shadows / remained erased

he himself had no heart / to cross / ... / green thumbs tapping
from the ground / to his chest / ... / as the sirens approached
& afterwards / he does nothing / couldnt even pretend to die
/ waiting just like the others / could not see / the ground receding

so he sat there under my rain of sparks to hear the sparrows singing

zanja : cualquier tipo de hoyo

es cuando me piden que les cuente / que repito / esos pasos
que me tomo para llegar a la orilla / mientras la orilla se aleja / del suelo
a este lado del ruido / rabia diminuta / amortiguada por roció
y olas que rugen / un sonido que ahora recuerdo / y luego el flash

ese destellar de dientes / clavados en la piel y huesos huecos
aunque solo quieren decir soledad / tan solo / que a su voz le falta
su voz cuelga / de las ramas mas altas / y ya no veras
su verdor / o el como llevábamos guantes / porque era invierno

así que no había ningún peligro / o si lo pudiera haber / uno siempre podia
regresar intacto al inicio / o al menos así imaginamos el acceso / como
dedos grasientos aislados con fibra de vidrio / luego solo con hojas
/ el alborota las huellas / para que solo las sombras / quedaran borradas

el mismo no tenia corazón / que amarañar /… / sus pulgares verdes tocaban
desde el piso / hasta su pecho / … / mientras las sirenas se acercan
y ya luego / se queda haciendo ni madres / ni siquiera pudo fingir su muerte
/ y esperando como los otros / no pudo ver / cuando el suelo se le acabo

y así se queda plantado bajo mi lluvia de estrellas oyendo a los gorriones

nightname preferences

for someone without shoes / plastic makes that sound /
the trick is thus to smile to the drone flashing mx

missiles / placed to detect loud movements /
placed strategically at every port of entry /

framing our age as one of walls /
primitive thrills / as of now thrills in the climbing /

jumping dry ditches too / one goes a mile / one said /
allow me in the jump to question the mirror /

the mirror smiles / mere huffing and a few wrinkles /
beaming us to a destination lacking vapor /

and that wont do the beam / missiles do that / though
these places of carbon just keep on churning flashes /

in answer to speed / im already here / counting
mercury drops advancing a theory of holes /

& whats of early hours / in the glamour of their light /
i hear its music / pick a festive rhythm

ive been learning not to follow /
mangled by optimistic rules of exchange

so / everything that lives can have whatever
name it would.

buscando nombrenocturno

para alguien sin zapatos / es el plástico lo que hace ese sonido /
el truco esta en sonreír a los drones que destellan sus misiles

de mx / situados para detectar cualquier sonido /
situados estratégicamente en cada puerto de entrada /

encuadrando así a nuestra era como la era de los muros /
encantos primitivos / por ahora el encanto esta en el trepar / y

saltar zanjas secas también / así milla por milla / alguien
dijo / permítame que en el salto cuestione al espejo

el espejo sonríe / simples jadeos y unas cuantas arrugas /
nos transportan a un destino que no tiene vapor /

y eso no sera lo que nos lleve / los misiles lo harán / aunque
estos lugares de carbono continúen generando chispas

en respuesta a la velocidad / yo ya estoy aquí / contando
las gotas de mercurio que apoyan la teoría de los hoyos

y lo que queda de las primeras horas / en el glamor de su luz
escucho la musica /

que he estado aprendiendo a no seguir /
estropeado por reglas de cambio oportunas

para que todo lo que vive / pueda tener el nombre
que mas le de la gana

program returns some number

in the ether of smiles / remember this
place of leaves / where having
forgotten sparks / one knows the chaos

of tongues i was / chaos when i broke /
the code was easy / to break / the pilot
my boyfriend / though endowed

with litheness to possess / the shape of
places digitally / arranged not knowing
/ i needed one definition

my boyfriend / everyday returns home
/ to his mother and crosses / himself at
the threshold

i remember / how i learned translation
/ isnt necessary / one isnt even that
relevant

el programa da cualquier resultado

en el éter de tu sonrisa / recuerda este
lugar de hojas / donde habiendo
olvidado el destello / aprendemos lo que hay del caos

de las lenguas que fui / el caos cuando me desbaraté /
el código que fue fácil / descifrar / aquel piloto
mi novio / aunque dotado

con agilidad para poseer / digitalmente
la forma de los lugares / acomodados sin saber
/ que necesitaba una definición

mi novio / regresa cada día a casa
/ a su madre y se persigna / en
el umbral

recuerdo / como aprendi la traducción
/ no se necesita / uno ni siquiera vale
pa' tanto

mothernourishment ii

agonizing ice & there written in moss / all over the walls / before
the fire / my kiss that morning / bursting with salted shadows / Maudie
waving crumbs of wonder to the wind / running late
/ could never let my preference for sugar betray affection / she said
your eyes restore from time to time the tide / how else / one
mile out to sea / your fossilized lights sprouting fingerprints suggest
concern & an eve / for others designed for digging / though mere fires
drown the tongue / if not for us / up here / also distracted
by invasion / could think to call it urgency / because whatever
notion affection translates to / we only let years passing with desire
collect surprise / & trepidation does to bones a trick / from hours
rehearsed / spent drinking that pissy juice of hospital wards / so no
/ no surprise we are still alive

nutricionmaterna ii

hielo toxico & ahi escrito en musgo / sobre las paredes / delante
del fuego / mi beso esa mañana / reventando de sombras saladas / Maudie
esparciendo las migajas de la maravilla al viento / llega tarde
/ nunca podría dejar que mi preferencia por el azúcar sugiriera afecto / me dice
tus ojos renuevan la marea de vez en cuando / sino dime como es que / a una
milla en alta mar / tus luces fosilizadas engendran huellas que sugieren
cuidado & una tarde / diseñada para que otros caven / aunque solo llamas
ahogan la lengua / si no fuera por nosotros / aquí arriba / distraídos también
por la invasion / que podríamos llamar urgencia / porque cualquier
sugerencia de afecto se traduce a / que solo dejamos que los años que pasan con anhelo
se llenen de sorpresa / & el miedo les juega un truco a los huesos / de las horas
ensayadas / gastadas en beber ese jugo meado de las salas de hospital / así que no
/ no es de sorprender que aun estemos vivos

numb & numbers

the general // wanted to feel my breasts // that much i knew // with her moist eyes // she asked me not to drown // though sometimes // knowing drowns me // how petty // how cruel // how // unrecognizable // i walk // illegible trails // in selfish motion // protruding palmpede arms // and furless legs // shes pissed // that much i can tell // shes mad at the pigs // throws them pills // through the grates // throws her hair around the pen i built // if you ask me // i myself have been to the city // but thats not reason enough // i happened to buy a brand new smile // at their carnival // while she dealt in bones // that was back when the twins appeared hanging from bridges // killed by water // now that the tyrants lie dead // i can tell most nights apart // there was a big white moon // on our engagement night // she spoke softly // was it australia or was it california // it was the coast for sure // and she wanted none of it // then she touched my belly // said to be apart // one must be a hole at war // war // torn a world apart // torn yourself to pieces if you want a part of this world at war // or something in pieces // but i couldnt // or i wouldnt be the world

entumido & con numeros

el general // me quería tocar los pechos // eso es todo lo que me dijeron // con los ojos empapados // no te ahogues // aunque aveces // saberlo me acaba // cosa de tontos // tan cruel // tan irreconocible // me fui // por las veredas todas borrosas // jugada egoísta // que zangolotea los brazos de palmera cien pies // y patas sin pelo // ya se me encabrono // eso es todo lo que puedo decir // enrabiada con los puercos // les avienta las pastillas // a través de las rejas // les arroja su pelo en aquella pocilga que yo levante // si me lo preguntan // yo mismo he estado en la ciudad // aunque eso no es razón suficiente // y pasa que me compre una risa de las nuevecitas // en el carnaval // mientras que ella contrabandeaba los huesos // eso fue cuando los gemelos aparecieron colgando del puente // eliminados por el agua // y ahora que los tiranos están muertos // ya puedo diferenciar las noches // y que hubo una luna acuática de las enormes // en la noche de nuestro compromiso // ella susurra // eso fue en australia o fue en california // lo seguro es que fue en la costa // y a ella todo eso la tiene sin cuidado // luego me toca la barriga // dijo que para estar separados // uno tiene que ser un hoyo en guerra // la guerra // partiendo al mundo // pártete en pedacitos si quieres algo de este mundo en guerra // o cualquier algo en partes // pero yo no pude // o no quise ser el mundo

lines / sentences ii

others / rot as well / with friends / every-
thing i ever wanted / a posture / my
nurse wife / doctored / the city / follows
/ a trees blue- / print / theres lichen
/ in your tea / a chimp shivers in your poem
/ your forester / grows grayer / in the drive-
way / what one calls / a voice / the blues
/ are fine / the chipmunks / kept
digging / girls / details
in a letter / rides along the river / drive
away / that summer / drive that country
road / or ride our bikes / into dark
/ waters / and then that storm / woke
us up / nurse / nurse i didnt know
/ & wilted roses in the soup / you fed
me / sparse lines / theres barely
anything to say / afterwards scooped
i was / and yet / theres still capital
/ punishment / in this state / i cant
breathe

lineas / oraciones ii

los otros / pudriéndose también / con amistades / todo
lo que siempre quise / una postura / mi
esposa la enfermera / curando / la ciudad / sigue
el esquema de arboles / azulados / hay musgo
/ en tu te / un changuito tiembla en tu poema
/ tu guardabosques / se hace mas gris / en el pasillo
de los autos / o lo que uno llama / una voz / los blues
/ están bien / las ardillas / siguen
cavando nenas / detalles
en una carta / paseos a orillas del rio / alejándote
a manejo / ese verano / manejando esa vereda
del pueblo / o paseos en bicicleta / a lo profundo de aguas
negras / luego esa tormenta / nos
ha despertado / enfermera / enfermera que no reconocí
/ & petalos de rosa marchitos en la sopa / me diste
a comer / lineas escasas / apenas
hay algo que decir / después he sido
pescado / & aun hay castigo
/ capital / en este estado / no puedo
respirar

things to do with color

1. no work was done for the day
2. ive lived certainties
3. her hair grew blue
4. then people came in droves
5. to celebrate
6. drunk swimmer / bluehaired lady
7. legless abandon
8. new people for her bloody floor
9. how their hands touched everything
10. dull knives
11. greasy tables
12. looking for crumbs
13. in the wet corners
14. their hands hid his
15. only blood
16. so no work was done for the day
17. though ive lived certainties

hecho a color

1. hoy nadie hizo ni madres
2. he vivido con la certidumbre
3. que su cabello se volvió azul
4. ya luego la gente nos callo a montón
5. para celebrar
6. al nadador borracho / la chica del cabello azul
7. el abandono sin piernas
8. y gente nueva paras su chingado piso
9. la forma en que sus manos lo tocaban todo
10. luego los cuchillos sin filo
11. y unas mesas todas grasosas
12. y yo llevándome las migajas
13. de las esquinas mojadas
14. sus manos escondieron las de el
15. y fue solo la sangre
16. así que hoy no se hizo nada
17. aunque vivi certidumbre

ii. things to do with color

—Because es porque.
Porque is because. Dolor es pain, y pain is dolor.

—Juan J. Morales

ii. hecho a color

Yo soy es I am. I am. Otra vez, diganme.—
Bee cause. Pain. I am in pain.

—Juan J. Morales

cruzando

el cruze
comienza después de todo traducido
sin que las voces lo llamen una trampa!

y de desnudas ramas naranjales
gorriones al vuelo salen, borrados
como a estornudos, ignorando olas. supongo

que solo se trata de despertar.
después de todo uno despierta; ni una
ni dos veces. yo para nada

me alboroto, aunque eso no quiera decir
que he faltado al pozo, & lo que suena
me avisa de todo los trucos

de desaparecer, por como suena, una aproximación
que desaparece seguida por el negante: *todos lo dicen*
o eso es lo que hacen. de este modo, yo también fui

un adios pegajoso, gris, e inesperado, el único
de muchos gestos de por si definidos como obscenos,
esperando saber cuando me devolverás el saludo.

por ahora no hay nada mas que decir
ya le comunique mis canciones a aquella señorita,
que de blanco se pasea por los pasillos de la iglesia.

ya los he comunicado a las plegarias de tu madre
antes que se le entumieran los labios
& a todas esas almas bronceadas que nunca

////

crossing over

the crossing
began translated after all
without voices calling it a trap!

from naked limbs of orange trees
sparrows going out, erased
as if sneezed, ignore waves. i suppose

its a matter of waking up.
one does after all wake up; not once
not twice even. i was not so much

as startled, though that is not to say
that i have never been to the well, & sound
told me all about vanishing

acts, by the sound of it, vanishing approximation
followed by the qualifier: *everybody says*
or does that. in this way, i too am a farewell:

sticky, grayish, & unexpected, only
one of many obscene defined gestures,
expecting to know when will you wave back.

for now, i have not a thing to say.
ive told songs already to the young
lady, parading church corridors in white.

ive told prayers to your mother,
before she went limp at the lips
& to all those tanned souls that never

////

me vieron en persona. por supuesto
en los periódicos, eso no fue la novedad.
por lo que quieran querer. ya tendrán

un ahora definitivo. no
pensaran. lo que aquel chiflado adivinar
ha logrado: la historia fue un hogar. nuestro hogar

sin ventanas. el humo
se estaba tragando   sus muros

saw me in person. in the newspapers
of course. it was no news.
but whatever they want. they have

a certain now. they would
not be thinking. what the freak has managed
to guess: history was a house. our house

without windows. smoke
was eating   through   its walls.

soap & pillows or not even sugar pills

i wont survive in cages
that i wont do i swear
since the wild either assembles passages
of sound regurgitating familiar constellations
or singing softly dries out into capillaries

i wont let wind trap me in caresses
i wont let sand stand in my way

though cages collapse into memorials

im not always changing
(try it)
im not fifty different people
(doubt it again)

sometimes

i surprise myself
trying to catch the vapor from your meaning
colloidal as fragile grace
solutioned with fragility
sensible to light as eyes unaccustomed to affection
its not fragile to say i wanted this masterpiece
dont i wish after all to live among the corpses
it moves of course it moves though fragile

do i want to say its not accurate
i have to be alive to feel fragility
do i have to say it all at all again
in fragile tones

////

ni jabon, ni almohadas y ni siquiera pastillas de azúcar

yo no sobreviria en jaulas
eso es todo lo que podría jurar
ya que al viento o se le da por pasajeros arreglos
sónicos que repiten esas constelaciones familiares
o a canto suave se seca en los vasos capilares

yo no dejare que el viento me atrape en caricias
yo no dejare que la arena me lo impida

y aunque las jaulas terminen derrumbadas en capillas

no siempre estaré cambiando
(intentalo)
no soy cincuenta personas diferentes
(de nuevo lo puedes dudar)

aveces

me sorprendo a mi mismo
intentando atrapar el vapor de tu significado
coloide como la gracia lo es de frágil
suspendido de la fragilidad
sensitivo a la luz como ojos que no están acostumbrados a la ternura
no seria frágil decir que yo codiciaba esta obra maestra
despues de todo no era mi anhelo vivir entre cadaveres
se mueve por supuesto que se mueve aunque a lo frágil

querría decir que la precision le hace falta
tendria que vivir para sentir lo que es frágil
lo tengo que repetir todo de nuevo
ahora en tonos mas suaves

////

even when retracing steps
trails fail to congeal
roads converge into sparks chasing graves
silly notions of justice

its gravity

unforgiving

its shades

fragile

i had a dream of vultures
but it broke half way to consciousness
now im the irrational primate
trying blindly to hold onto your breathing clouds
lack of air my urgent dilemma
i breathe too
but will you be my something in the dark
even if that was long ago
and beside our parents are dead

im waiting for the end
caged i wont be carried away
by redundantly fragile cirrocumulus

the horizon has developed

y aun cuando rastreo mis pasos
las veredas fracasan en su solidificación
los caminos convergen en chispas que persiguen un sepulcro
nociones de justicia tontas

su gravedad

que no perdona

sus tonos

mas fragiles

yo soñe con los buitres
pero se acabo en camino a la conciencia
ahora soy el chango al que le falta la razón
que a ciegas intenta no soltar las nubes de tu respirar
la falta de aliento mi mas urgente dilema
yo también respiro
pero te interesa ser mi algo en lo oscurito
aunque eso ya ha mucho que paso
y de todos modos tus padres ya murieron

voy a esperar el final
enjaulado no me dejare llevar
por los frágiles cirrocumolos redundantes

el horizonte ya se ha revelado

when we were left
behind we had to leave too

because ive read more
doesnt mean that ive found

friends or peace of mind
pa dont be

so sad dont be so
guilty to come from public places of mud and vapor

its only paper
ships we insist on missing

because i work &
i couldnt breathe & i said

pa i cant go on
like this like this silence makes us stronger

i dont want to do
this anymore like we have years to throw to the dogs

i dont want to feel
anymore like crying because a line frightened me

because a nocturne
made me question your promises

pa you never thought
id make the movie / forget that / never thought id make it

right now i take yours
like it was love offered / no questions asked / offered

////

cuando nos abandonaron,
tambien tuvimos que partir

porque he leído mas
no quiere decir que he encontrado

amistades o tranquilidad
'apa no estes

tan triste, deja de nutrir
la culpa de venir del vapor & barro de lugares públicos

tan solo son barcos
de papel que insistimos en perder

porque ya trabajo &
aun asi no podia respirar & dije

'apa no puedo seguir
asi como si este silencio nos hiciera mas

ya no quiero seguir
de esta manera como si tuviéramos tiempo para tirarle a los perros

ya no quiero sentir
que estoy a punto de llorar porque una linea me ha asustado

porque un poema diurno
me forzo a interrogar tus promesas

'apa tu nunca creíste que saldría
en las movies / olvídate de eso / nunca creíste que lo lograría

en este momento lo acepto
como si fuera amor ofrendado / sin preguntar nada / ofreciendo

////

nothing in return
since my hands refuse to stick to anything material

ive taken this world
for granted as if breathing

ive taken your words
in vain ive sinned against your exalted beauty

had you hanged by
your feet from the barbed wire of the great border fence

you dared crawl under running away from my milk teeth

nada a cambio
desde que mis manos se niegan tocar lo solido

he tomado al mundo
como a el respirar de por hecho

en vano tome
tus palabras / contra tu belleza sin par peque

y de los pies te colgue
a el alambre de puas de esa gran muralla fronteriza

que algún día te atreviste a cruzar corriendo de mis dientes lecheros

mistake(n)

fuck i made
there was a green silence in the sky
i could not bear

fuck i made / green silence

and the bird
could trace its reflection in the pool
so that it knew

the bird / knew reflection

how it came to pass
the ditch ate what it could not bite
what it used

to pass it came / the ditch was used

and then i knew
by how the bird bird it that it would fracture
us in factors

and then i knew / you in fractions

because i did find
bending my fingers to eat grass
and sugar knives

because i did find / sugar in your eyes

so this of playing
things the world will fail to recognize
to witness legs

so this playing / has painted a difference

////

err(a/o)r

vali madre
y hubo un silencio verde en el cielo
que no pude cargar

valer madre / silencio verduno

y el pajaro
así marca su reflejo en la cisterna
eso es todo lo que supe

el pajaro / conocer su reflejo

como fue que sucedió
que la zanja se trago lo que no pudo mascar
lo que podia

pasar llego / la zanja fue así usada

y entonces lo supe
por como el pájaro pajareaba que nos partirian
en factores comunes

y entonces te supe / pero solo en partes

porque al comprobar
que podia doblar mis dedos para comer pasto
y navajas de azucar

porque fue lo que encontré /el azucar de tus ojos

asi que esto fue un juego
todo lo que el mundo ni siquiera reconoce
atestigua piernas

esto que es un juego / ha marcado la diferencia

////

the difference between
sometime
arms we were again

the difference between / eye shades

so that collecting
i am
what must be life

so that collecting / what i must

tell people all around us
suddenly
i put my arm around you

i put my arms around you / suddenly

you let me
said i was forgiven
all forgotten

you let me / say forgiven

do you remember
sin was a time
after or even during the crossing

do you remember / a time to fuck

didnt have a word
for how it felt
in the mouth

didnt have a *word* / for fuck

you said "raspy"
raspy in the mouth

la diferencia entre
las veces
que fuimos brazos otra vez

la diferencia entre tonos oculares

y asi juntando
eso que soy
lo que la vida pudiera

asi juntando / lo que debería

decirle a la gente que nos rodea
de pronto
te estrecho con mis brazos

te estrecho en mis brazos/ de pronto

me dejas
y dices que ya paso
todo ha sido perdonado

me dejas / decir perdón

recuerdas
que el pecado fue tiempo
después o en la travesía

recuerdas / el tiempo de chingar

como no hubo palabra
para describir la sensación
en la boca

no hubo palabra / pa'chingar

dijiste "raspa"
me raspa la boca

learning

to conjugate / una lengua
i tongue / you
tongue / mi lengua

sabe / contaminated tones
two tongues / ready to drown
one / another void

responds / demands rather
if you could just try / pronounce
slowly / E S   low   lo intento

attempt / the least
that you could / try
since you / already here

already ready / to at least invoke
fantasmas of other / eaten tongues
coagulando / at the bottom

of your barriga / acidic pool

filled with low-grade / fuel

fuming / boca
chewing vowels / & vow
to repeat / sprouts

of grass to their logical / digestion
translates to / dígame
pues / it's only a ditch

born here / alternative interview

i.

i was here / . . . / Maudie / knows

Puebla / then I came to Pueblo / El Pueblo de la Reina

Y por que / *su lengua?* / that I did / denature

i never did / *Y por que* / *las maquiladoras?* / factories of dissatisfaction / *Tu padre tenia* / in a way / i did not though / did not have a morsel of ground / *Es esta la parte del*

miedo? / shoo it away

my father / his fingernails / bribery gave him / to learn

those more fortunate / *Que se debe hacer* / fear, sell it, shore it overseas / *Cual es pollero?* / the translator / *me imagino* / oh yes it is the translators job / to find where la rabia comes from / as a power loom / *Pero porque?* / & dreaming of disaster / *Es este el lenguaje apropiado* / but so is the language of another

cumbia / you can hear it

in the pictures / electric glyphs / *Entonces cual es* / The adoption of a bodos

One can think of it as a disaster?

precisely so…

ii.

(theres nothing) where i was / born
/ with wings and feathers / here as there
the name / rather ostentatious / Maudie
glued all together with soap / knows
i am even ashamed / to spit the mouthful / Puebla
city of Angels / then I came to Pueblo
this side of the border / ... / Pueblo
de la Reina de Los Angeles / *Y por que*
quise aprender / her lengua? / i never did
it was necessary / that i did / *Y por que*
hablar / de- / las maquiladoras then?
some ambiguous / nature / of satisfaction
i suppose / *Tu padre tenia*
una? / in a way
or more than / one though
in fact / my father / did not own a morsel of ground
even under / his fingernails / *Es esta la parte*
torcida? / bribery gave him
the opportunity / to learn
how else to extend sympathy
/ to those more fortunate
than his silly rags / *Que se debe hacer*
con el / miedo? / fear, sell it, shore it overseas,
or simply / shew it away / *Cual es*
el trabajo / del pollero?
i think you mean / the translator
Exacto, / me imagino
que tiene un trabajo? / oh, yes. it is the translators job
to explain / with diagrams / where rabies comes from
Asi nomas? / just like that / as a power loom
shaking and moaning / *Pero por que?*
as a way of reprimand / *Por?* / for dreaming of disaster
and being cool about it / *Es este el lenguaje apropidado*
it might not be so / but so is the language of another
dance / the language
primitive / you can hear it / the pictures
gesture everywhere / *Entonces cual es*
su teoria de liberacion? / The adoption of a bodos
bodos, quieres decir cuerpos?
precisely pages full of dead representations / *one can think of it as a disaster?*
precisely thus / again / mornings give us electric cities / and we get into games

iii.

Maudie born with wings and feathers / Maudie rather ostentatious / Maudie glued all together with soap / Maudie knows i am even ashamed / Maudie / to spit the mouthful / i never did Maudie / Maudie it was necessary / Maudie some ambiguous / … / satisfaction Maudie / i suppose my father / Maudie / did not have a morsel of ground / Maudie / bribery gave him the opportunity / Maudie / to learn how else to extend sympathy / Maudie / to those more fortunate / Maudie / Que se debe hacer? / Maudie con el miedo? / Maudie with diagrams / Asi nomas? / Maudie shaking and moaning / as a way of reprimand / Maudie dreaming of disaster/ Maudie / but so is the language of another heaven / Maudie you can hear / the pictures gesture Maudie / everywhere Maudie / pages full of lead / Maudie / anger / Maudie one can think of it as a disaster / again Maudie so / mornings give us electric cities Maudie / and we get into war games

pastoral : *en el lugar del venerable pan de maíz*

how to name a place: consider fertilidad & bread
young people / future generations sus manos
veneran la tierra / La fertilidad / Su lengua
genera el futuro / fertility / el lugar
of bread / los jóvenes / sus manos
trabajan la tierra / their hands hold venerable
corn bread / una mano lo sostiene / el futuro
A hands holds it up / in the future language / mucha
pero mucha agua / young people preserve
el lenguage / Su lengua genera el futuro
Su lengua sabe del lugar / their tongue sabe decir
the place with abundance & water / la fertilidad
young people / their lengua names the land:
En el lugar del venerable pan de maíz

pastoral : *in the place of the venerable cornbread*

como nombrar un lugar: teniendo en cuenta la fertilidad & pan
gente joven / generaciones futuras their hands
revere the land / Fertility / Their tongue
generates a future / fertilidad / a place
de pan / the youth / their hands
work the land / sus manos guardan el venerable
pan de maiz / a hand holds / the future
Una mano lo guarda / en el lenguaje futuro / so much
but so much water / la juventud conserva
the language / Their tongue generates a future
Their tongue knows the place / their tongue knows to sound
el lugar con abundancia & agua / fertility
gente joven / su tongue nombra la tierra:
En el lugar del venerable pan de maíz

water as a mother

but if they were equal echoes they would dance i suppose dance in roaring not murmured
tune not in tune as in makes no sense to try and hold me so by wings i will i suppose still
hold (not just nibble) you in prayer hold you suspended in fog / fury of fires (sporangia
shooting up) in prayer / dust heaving but no wind (the way it happens in mourning) sus-
pended in me heavy not suggested lessthanprecious metal because i not just in you because i
i am you though less dense to eat to rot to break through fine mornings through stone jump
concrete that ditch there though bones and fibers dense densed in me moor back wet more
murmur mojado wet it sticks wet to any sort of skin and backs that carry cocoa beans vanilla
beans bean beans beaner ones been seed been you waves bee in you been you fog been you
mojado like you like us like any other if it lives it must

aguamadre

pero si fueran congruentes lo ecos me imagino que podrían bailar un baile que ruge sin tararear una canción desafinada como si tuviera sentido trato de detenerme con las alas me imagino que al quedarme quieto (solo son bocaditos) y tu en plegarias que te mantienen suspendida en la neblina / la furia del incendio (esporangios que se disparan) en oración / polvo que se agita y nada de viento (como si uno estuviera en duelo) suspendido en mis adentros con un peso para nada sugestionado metal muchomenosmaspreciado porque mi ser no solo en ti porque yo yo soy tu ser aunque tal vez con menor densidad para digerir para podrir para irrumpir por la fina tela de la mañana a travez de la piedra saltando esa zanja de concreto que ahi esta aunque los huesos y las fibras se condensen solidificadas en mi negro paramo mas mojado húmedos murmullos mojados mojados se pegan húmedos a cualquier tipo de piel y espaldas que cargan vainas de cocoa y vainas de vainilla los frijoles y mas frijoles que comes para ser un beaner he sido semilla he sido tus olas abeja en ti he estado en tu niebla he sido un wetback como tu como nosotros como cualquiera que vive si vivir debe

nourishment (taste of previous tones)

alive / surprised at all / my living desert critters / critter gone
distracted still / though rage still takes on fingers / shaped with
grief / & runs them towards thirst / to destroy our life / its thermoglow
lived in the ditch / destroyed white socks / … / covered in moss
cry oblivion huh / one must denounce / kisses partiality to soap /
preventing loss of breath / … / could charge us / our right to place
our place / in the stains of darkness / it is yummy to watch / the birth
gone wrong / translates then to less / obvious forms of folding
evenings / … / catalyze the trivial blooming / of one well
trained / one less consumed by abnegation / if you notice
pa said / for everything to work our way / run while still alive /
though i refuse / to be constrained by bones / glowing surprise
& an apparent act of kindness / one could offer
pause today
staring at the mirror / awe / the mirror looks surprised

nutrición (sabor de notas previas)

en vida / del todo sorprendida / que mis bichos desérticos vivan / aun distraídos
a lo bichuelo arrastrados / aunque la rabia aun se prenda de los dedos / con la forma
del duelo / & los empuje hacia la sed / por destruir la vida nuestra / su termobrillo
viviendo en una zanja / calcetines blancos destrozados / ... / cubiertos en musgo
ah como llora el abandono / uno deviera renunciar / el gusto de los besos por el jabon
que previene la perdida de aliento / ... / nos podría cobrar / el derecho de colocar
nuestro lugar / en las manchas de lo oscuro / y es delicioso mirar / cuando el nacer
sale mal / traducido entonces a menos / formas obvias de doblar
atardeceres / ... / catalizando el trivial florecer / de alguien entrenado
muy bien / alguien menos acongojado por la renuncia / 'apa dijo
si notas / por todo lo que nos va bien / mientras vivas corre /
aunque yo me niego / a la restricción de los huesos / que brilla su sorpresa
& una aparente obra de caridad / que alguien ofrece

por hoy espera

mira al espejo / ah que mono / el espejo se mira sorprendido

go little wheel go go

he lies
        under a rain of sparks
        there the crossing
        can thus be framed
        because of the rot
        in the lakeful galaxy
        this one had rubies
        for eyes
        and yesterday morning
        was true in a way
        of speaking though
        people always question
        we must know
        how people
question reparations
        though the Yucca
        trees kept singing
        about the finches
        acid rain does
        that to branches
        but then we just kept
        going past
        the wooden bench
        folded in the shape
        of clouds
        going who knows
        where if the others
        had followed
        even their limping
        dog could
        smell the ending

        who in their right
        mind could
        leave their land
        untranslated later
        on as if to center
        or right our blooms
        the target settles
        using the same arrows
        because we were afraid
        to wade
        the river there
        we went
        to dip
our toes in
        the ditch
        with our lips parched
        because we thought
        it easier
        to drown
        than to just dance
        aware that any doubt
        had only meant to follow
        the hand sinking
        we hung the bones
        & our remaining
        stars
        from rearview
        mirrors *like*
        how the tree
        lives on
                        he lies

vamos ruedita va y vamos

hasta aqui llego
bajo una briza de chispas
y asi la travesia
se pudiera presentar
a causa de lo podrido
en lagunera galactica
esta tenia rubis
en lugar de ojos
y ayer fue la mañana
tan veridica como por asi
decirlo
aunque la gente lo dude
sabemos
el como la gente
duda el ser remunerada
y aunque los arboles
de yuca sigan su cantar
de los gorriones
la lluvia acida
eso les hace a las ramas
para entonces nosotros
solo seguimos de largo
pasando las maderas bancas
dobladas con forma
de nube
quien sabe el camino
a donde si los demas
hubieran seguido
aun su perro
cojeante podria
olfatear el fin
pero quien en todo
lo cabal podria
dejar su tierra
sin traducir ya
despues como para mejorar
o correjir nuestro florecer
se fija el blanco
usando las mismas flechas
porque nos dio miedo
vadear
el rio por ahi
nos fuimos
a mojar
los dedos de los pies
en la zanja
con labios todo partidos
porque creiamos
que seria mas facil
ahogarnos
que tan solo bailar
concientes que cualquier duda
tan solo querria decir sigue
la mano se hunde
y ya luego colgamos
los huesos & estrellas
restantes
del espejo
retrovisor *asi*
como aquel arbol
que aun sigue vivo
y sabe mentir

of water, hunger, and other corpses

i dont want to be destroyed
by misplaced hunger references
i know how to keep my mouth shut
even when im told
"Misa is going to be the first to die"
and though that is a comforting idea
at times i worry the opposite could be more likely
because i know how i failed to jump
one fine morning
that irrigation ditch
and it is now embarrassing
to be here pleased with myself
talking about the dream of swans disguised as snowflakes
dont you dare gesture me says the world
comes down to numbers a reply
theres more to it however
for instance when grandpa Carlos was killed
how his body
delivered in the installment plan
first the head wrapped in newspapers
then his halfchewed liver splattered on the adobe walls
lingered glowed then escaped like a helium balloon
his heart delivered a month later
shriveled in a tiny handkerchief had a scent of orange peels
then again it is a trust
i know im not equal to it
but im trying to
at least not disappoint
its not just a question
that i can answer
when you look at me
i want to know

fue el agua, el hambre, y otros cadaveres

yo no quiero ser destruido
por referencias al hambre mal colocadas
yo si se como cerrar el hocico
cuando me dicen
"el Misa va a ser el primero en morirse"
y aunque la idea de consuelo
aveces me preocupa que lo contrario sea lo mas probable
porque solo yo se como me fallo el saltar
una buena mañana
esa zanja de riego
y ahora me da pena
estar aqui a todo gusto
contando ese sueño de los cisnes disfrazados de copos de nieve
y ni te atrevas señalar me me dice el mundo
en respuesta *el resultado solo es numérico*
aunque podría haber algo mas que esto
como cuando mataron al abuelo Fausto
y como fue que su cuerpo
entregado en abonos
primero su cabeza envuelta en periódico
luego su hígado a medio mascar salpicado todo en las paredes de adobe
persistió en su brillo para luego escapar como globo de gas
su corazón entregado un mes después
solo se arrugo en un pañuelillo con olor a cascaras de naranja
y ya otra vez es solo un compromiso
que no se como cumplir
pero por lo menos estoy
tratando de no fallar
no es tan solo un asunto
que no se resolver
cuando tu me miras
quisiera saber

poema

para cuando el regreso los campos eran un hervor de nieve y ya su padre era solo un montón de huesos. "Ahora tendrás que inventarles de nuevo la primavera," le dijo desde el rincón donde alguien lo dejó a que cuidara la esquina, envuelto en una sábana que gemía con el hedor de orines de chivo recién nacido. Era ya muy tarde y aunque se caia de sueño un sudor torrencial y la voz de su padre no lo dejaba dormir. Algo que ver con las flores, luego que visitar la tumba de la madre, y eso de que los cimientos de la iglesia nunca estarían bien parados hasta que no sacaran todo el oro que dejó su abuelo, un hombre al que el solo había visto en los postes cuando apenas estaban poniendo la luz eléctrica en el pueblo. En esa cama empapada de su espanto, temblaba con la certeza de que murio por la angustia de haberse robado unos huevos que igual no pudo comer, porque para cuando los quebró en el sartén ya están llenos de lombrices y algas.

another (translated) story

by the time he came back
the fields where boiling with snow
and now his father was nothing
but a bundle of bones. "Now
you'll have to counterfeit spring
for them again" he told him
from the nook where someone
had left him to guard that humid corner,
wrapped in a blanket that moaned
with the stench of goat's piss.
It was late and though he was falling
apart with the ache of exhaustion
a torrential sweat and his father's
voice would not let him sleep. Something
about the flowers, then the urgency
to visit the mother's tomb, and that story
again, about the church's foundation:
how it would never be steady
unless the gold his grandfather—a man
he'd only seen glued to electrical posts
when they first brought electricity to the village—
stole and buried was found. In that bed
soaked in his terror, he shivered with the certainty
that he'd died with the anguish of having stolen
some eggs that in the end he couldn't even eat
because by the time he crushed them over
the pan, they were already full of algae and worms.

the terror

the trains drag robots from their entrails
by their hairs to analyze their vital fluids

i was just watching the glowing mush-
rooms in the petri dish as they flashed

their bellies full of toxic matter not dead
yet i refuse to buy the headlines they track

the movement of my body as it writes what
it writes truncated amorphous sentences

sprouting from the blubber in my liver to
have a thing or two to say for the price

of a rice ball then i wasnt hungry Mr
speaker what is it that father said

about the cherries?

do they really ripen better upon the page
i wasnt at all drunk the only reason not to

cry is right now were better off the fear
is in the camps the fear is the detention center

the fear is the separation the crowds
the noise the lack of music the right kind of

music violins all out of tune though
by the second day of the flood

nobody showed up to work

el terror

los trenes arrastran androides de las entrañas
por sus cabellos les analizan los fluidos vitales

yo tan solo estaba mirando el brillar de hongos
silvestres en placas de Petri mientras destellaban

sus barrigas llenas de materia tóxica no muerta
todavía me niego a creer en titulares que rastrean

el movimiento de mi cuerpo mientras escribe
lo que escribe estas oraciones mochas y sin forma

brotando de la grasa de mi hígado tan solo
para tener una que otra cosa por decir al precio

de una bolita de arroz por aquel entonces no tenia
hambre Sr orador que fue lo que el padre ese dijo

sobre las cerezas?

es cierto que maduran mejor sobre la pagina
yo para nada estaba borracho es solo que pa' no llorar

ahorita mejor seria descolgarnos del miedo que dan
los campos lo que da miedo son los centros de concentración

el miedo es el separarnos de la multitud
el ruido y la falta de musica el tipo correcto

de musica violines todos desafinados aunque
ya para el segundo día del diluvio

nadie se presento a la obra

maudies reliquary of an end: talking to

i.

your pandemic eyes / song
a programmed situation
suggesting rupture
            often conjured to believe in
birds hallucinating / & spring / reversing that river
which nonetheless / would mean
a song suspended in screams
there
            in an evening otherwise communicated
i only know too well / well when blind
part of my green familiar grounds
came into focus / you were there too
with your greedy mouth scaring the horizon

ii.

then

rather than wearing fangs   rather than the end of isolation
we bite   &   only time kept going round these dunes
running the creases of an unmarked ditch
creaking
chasing sedentary pigeons
we thought feathers could survive
by staying still under glaciers of radiation
yet mere signals reach our beyond

& i dont blame your apathy
i swear
                        absolved

i blame nothing

seasons have dissolved   change happens to the seasons

el relicario de maudie: la charla final

i.

en sus ojos pandémicos / canción
de situación operatica
que sugiere una ruptura
                tan a menudo repetida para creer
en pájaros alucinantes / y la primavera / revertiendo aquel flujo
fluvial de cualquier manera / querría decir
que la canción cuelga de unos gritos
ahi
                en un atardecer comunicado al revés
demasiado bien lo se / y asi cuando la parte
siega de mis familiares campos verdes
al fin se enfoca / también la encuentro ahi
con su avara boquita cicatrizando al horizonte

ii.

ya después

en lugar de llevar colmillos   en lugar de poner fin al aislamiento
mordemos   &   solo el tiempo sigue su marcha rondando estas dunas
demarcando las arrugas de una zanja sin titular
                                                                crujiendo
persigue palomas efímeras
creímos que sus plumas sobrevivirían
al permanecer debajo de glaciares radioactivos
y aun asi solo rastros llegan al nuestro lejano

& no es que culpe tu apatia
lo juro
                        ya absuelto

no culpo nada

las estaciones se disuelven   el cambio es lo que les pasa

iii.

there i was afterwards

corrupted by laurels
                                        by mistaken folds
pointing towards wires
insisting connection

my heart was racing then

though this precisely was no way to fight
tea demons / least of all
your Florida smiles

of all people crossing
i have been told procedure applies here too

iv.

            then people again crowd the fish market

i will reach my hands
how am i supposed to say
or do anything significant
with these bones glued with saliva

wishing
                         taken for a horse
ive forgotten even instances that demand decorum

our lives were for them too

flattened into grass blowing with their Solo cups

iii.

ya luego hubo un después

arruinado por laureles
                                        por doblajes erróneos
señalando hacia los cables
insistiendo en la corriente

fue entonces que mi corazón dio carrera

aunque esta no era la manera de enfrentar
los demonios del te / mucho menos
tu sonrisa Floridiana

de toda la jente que cruzo
me han dicho que el tramite aquí también aplica

iv.

            mas tarde la gente de nuevo se agolpa en la pescadería

les ofreceré las manos
como les podría decir
o hacer algo material
con estos huesos achicanados con saliva

deseando
                        confundido por caballo
ya he olvidado aun las ocaciones que requieren decoro

nuestras vidas también les pertenecían

aplastadas a el pasto volando con sus vasitos plásticos

v.

nearing a flame
correcting edges of a knotting corpse
raining like spring
                                                            we burst alluded
our last breath offered to dumb blue wind
our faces wrapped / suggest rapture

v.

llegando a las flamas
corrigiendo los bordes de un cadaver a nudos
lloviendo como la primavera
                                                                                reventamos al ser aludidos
ofrendado el ultimo aliento al tonto viento azul
con las caras envueltas / insinuamos el rapto

another verdict for the suspected genocidic lady

it's a frantic desperation that compels our limbs to go it will remain indelible her name would be spelled in smog inconceivable undertaking though there are no predictable horrors now to disturb your sleep having seen the bodies of our parents mauled by police dogs dragged through the streets our heroes and our foes though we the actors of our history in bold strokes perhaps bound to fail because of catastrophic errors in our genes like for instance the fumbling of the nation's will the alphabet boys couldn't look at you in that sense of wonder anymore but as that acidic foaming at the mouth in the clear signs of desire nauseating frantic dizzying or not braill-eric in its song of dots discovering how beauty has a corrupting quality of bluish poison and in any case every energy is wasted in the convulsing waves of laughter that mysticism that comes with age and we don't have to plan our holidays according to the seasons we could take a dancing trip if that were to happen we could even lose our fright we could tour the golden fields during the harvest of the wheat and clouds will roll in clusters it will be like an exploration of our shared consciousness it will be found that all experience can be created out of songs and so that is the reason this face is Gregorian and this piece is classical and this song has no name and this name has no numbers one writes of the trains and the forced marches just like anything and the days of hunger and the days at sea and the fireworks and the triumphal entries and the noise of cannons confused with the noise of celebration and the broken bottles and the sticky floors in one moment all the memories of rain which people tend to overlook or simply ignore because there is light and sound to hold our attention come rushing in like a roaring typhoon and a lady with her little dog waltzes in to do me a great mercy claiming to know the secret's in the black book the secret to understand how to choose the sick the weak among our fellow wolves a well-meaning mother that is correct not like the others those rustic symbols of power in a set of graceful movements if someone were to send her voice wrapped in cellophane and dry foliage i would dare not see her face because the pages would frighten me with their black and white rumble this is all i know that it would be like learning a new language a small kindness after all that would be to have seen those horrors to have felt the hand of destiny pulling and pushing in waves because otherwise she could not do anything useful but we judge nonetheless   what could she have done?   is this the
reason why we don't   events caught up with us and we are all touched by the
monstrosity   just like that   casually

veredicto alternativo para la sospechosa señorita genocidica

es una desesperación frenetica la que impulsa a nuestras extremidades a moverse aunque el todo va a quedarse ilegible su nombre aparecerá escrito en el smog una toma inconcebible aunque ya no queden horrores predecibles que te alteren el sueño ahora que ya has visto los cuerpos de tus padres mutilados por los perros policía arrastrados por la calle nuestros héroes y nuestros adversarios aunque seamos los actores de nuestra historia a grandes rasgos tal vez destinados al fracaso a causa de errores catastróficos en nuestros genes por instancia el derrumbe de la voluntad nacional los chicos del alfabeto ya no te podrían mirar con un sentido de asombro pero si como el ácido burbujear en la boca en los signos transparentes del deseo asqueante frenetetico mareante y para nada brailirico en su canción de puntitos descubriendo como la hermosura tiene una cualidad de veneno azulado y en todo caso cada medida energética se desperdicia en olas de carcajadas convulsivas ese misticismo que viene con los años y ya no tenemos que planear los días feriados de acuerdo a las estaciones podríamos darnos la gira del baile si eso fuera a pasar hasta podríamos perder el miedo podríamos visitar los campos dorados durante los días de la cosecha del trigo y las nubes amontonándose en racimos va a ser como la explosión de nuestra conciencia colectiva van a descubrir que toda la experiencia se puede duplicar en canciones y esta es la razón por lo que esta cara es Gregoriana y esta pieza es clásica y está canción no tiene nombre y este nombre no tiene números uno escribe de los trenes y de las marchas forzadas así de nomas y de los días del hambre y de los días en alta mar y los fuegos pirotécnicos y las entradas triunfales y el ruido de los cañones mezclado con el escándalo de la celebración y las botellas quebradas y los pisos pegajosos y en un momento singular todas las memorias de la lluvia que la gente tiende a pasar por alto o simplemente a ignorar por que hay luz y sonido que acapara nuestra atención se nos viene encima como tifón rugiente y la doña con su perro diminuto entra en vals a concederme una gran misericordia arguyendo saber los secretos del pequeño libro negro el secreto para entender el arte de escoger a los enfermos y los débiles de entre nuestra compañía de lobos una madre con buenas intenciones es lo correcto y no como los demás esos símbolos rústicos del poder en un conjunto de movimientos elegantes y si alguien nos fuera a mandar su voz envuelta en papel de celofán y hojarasca no me atrevería a verle la cara por que las páginas me asustarían con su rugir en blanco y negro esto es todo lo que se que sería como aprender un lenguaje nuevo una piedad chiquitita después de todo sería haber visto esos horrores haber sentido la mano del destino jalar y empujar en olas porque de otra manera ella no podria hacer nada útil pero nosotros juzgamos de cualquier forma
que podría haber hecho? está el la razón por la que nosotros no
los eventos nos alcanzan y quedamos todos tocados por la monstruosidad así nomas
casualmente

another portrait for wind

the impossible taste of moths, light that   pollinates
their tiger mapped wings move   through you,
to you unseen, though loud and heavy   with roaring
and a gentle force that in other centuries inspired   better
men to talk of sparks, to flow balloons   pregnant
with defiance, through waves across oceans of   ignorance
superstition. No, it's true, this statement;   its truth rings,
bouncing from the cold magnetic gold ingots of   monstrous
crabs crawling in the empty space   which must contain you.
Where I have never seen you. Where no one ever.   To feel
an elation if for instance we've been born   so that someone
saying: "Keep those eyes to yourself." That,   I've heard
or felt, at times, in excess, with a recurrence   like the hopeful leaves
of paper birch and their wincing. It's like you weren't even   waiting/waving
at us. You just go on being, from a time,   at times
forgotten. Tossed not laid   to rest
we live by formulas   empty
thinking that we know you.

otro retrato de viento

el imposible sabor de palomas, aquella luz   que poliniza
sus tigresas alas calcadas se mueven   al través tuyo
a un invisible tu, aunque escandaloso y pesado   con el rugir
y una fuerza noble que en otros siglos inspirara   a mejores
seres a hablar de chispas, a volar globos   embarazados
con desafío, por las olas a travez de oceanos   de ignorancia
y superstición. No, es verdad, este pronunciamiento;   su verdad suena,
botando en frios imanes en lingotes dorados   y cangrejos
monstruosos arrastrándose en el vacío   que te debiera contener.
Donde nunca te he visto. Donde nadie nunca.   Para sentir
una emoción así como si hubiéramos nacido para que alguien
diciendo: "tranquiliza tus ojos." Eso   fue lo que oi
o senti, a veces, a recurrencia excesiva   como el foliage esperanzado
de abedul papirifero y sus muecas. Como si ni estuvieras   esperando/despidiendote
de nosotros. Solo sigues siendo, de vez   a veces
olvidado. Aventados y no   enterrados
vivimos solo las formulas   vacios
pensando que te sabemos.

iii. so no work was done for the day

I found the poems in the fields,
And only wrote them down.

—*John Clare*

iii. así que hoy no se hizo nada

Encontre los poemas en el campo,
y simplemente los he escrito.

—*John Clare*

it wasnt the salt mines

"back of the line" they said and pointed with their gaping
mouths. it matters not that you arrived by plane or boat.
the wait wont be included in the crossing price, but wait
you must. & pay you will. for love. for scraps of it. though
you could be there and still, still not be there at the accounting
of the unit price. you know how those flowers fail to flower
along the road. thats how. someones got to pay
the bill to keep their fuses burning. someone forgot the salt.
& wasnt that a feast? werent we drinking wine that we didnt
have to pay? you blurted your accusation "move you animal,
even if youre pregnant with the void of silence." afraid
to carry to term haystacks of legality. climbing cocaine
wooden steps to the morning. to the meaning of laws.
soon as all that. but how? fusing. rocks fusing. still
unmovable by wind. you were the last to arrive. you were,
always arriving. & though you were
so close, there was no wall to climb. you blew your nose
but no more blood came out. i am permitted a call. i know
all that. i am permitted to vomit
into the mouth of the phone. you know here at the bottom
of the piano we can make do with the dust. here theres no more
music rants, lights, social justice, gestures. let us make our money
and roll with it out into the road. until in outer space we stop
believing love could still exist as rocks rolling into each
other to make a larger rock. love, she was
last seen moving south carrying overdue magazines.
she was carrying rocks she believed wind could mold into hyacinths.

no fueron las minas de sal

"Y se van pa'la cola" dijeron y apuntaron con sus hocicos
abiertos. No importa si llegaron en avión o en barco.
La espera no sera incluida en el precio del salto, pero debes
esperar. Y ya tendrás que pagar. Por el amor. Por sus migajas. Aunque
puedas y no puedas estar ahi, y aun sin estar en la contabilidad
del precio por pieza. Ya sabes como esas flores a la orilla del camino
pues nomas no se dieron. Y así fue. Alguien tiene que pagar
la factura para que el piloto siga ardiendo. Alguien olvido la sal.
Pero no fue un banquete aquel? No nos tomamos el vino que nomas
nunca tuvimos que pagar? Así me echaste la culpa "muévete animal
aunque estes preñado con el vacío del silencio." Aterrorizado
por llevar a termino la legalidad del zacate. Subiendo escalones
matutinos de madera cocaina. Hasta eso de las leyes.
Tan pronto como todo este ya listo. Pero como pues? Geológica fisión. Aun
intocable por el viento. Fuiste la ultima en llegar. Siempre estabas
a punto de llegar. Y aunque estabas
tan cerca, no había muros por saltar. Te sonaste las narices
pero ya la sangre ni te salía. Me van a permitir hacer esa llamada. Ya
yo me se todo eso. No me van a permitir que vomite
en esa boca telefónica. Ya tu sabes que aquí en el fondo
de este piano lo que podemos hacer con el polvo. Aquí ya no hay
mas musica de protesta, o luces, o justicia social, gestos. Hagamos nuestro dinero
y vallamos nomas así por el camino. Hasta que en por ese espacio dejemos
de creer por fin que el amor aun existe como piedras que se enredan asimismas
para formar unas piedras mas enormes. Mi cielo, al final
la vieron marcharse pa'l sur cargando revistas que nunca devolvió.
Se estaba llevando las piedras que creía que el viento puliría hasta formar hortensias.

little mozarts on learning how to talk

memory does not / do the trick — *certain* / not always anyway / specially — *finality*
when you've flown / every sky — *at times would smile* / and seen lots
of mountains — *so why* / but i know / this i do remember — *even wonder*
the end / the lives of the saints / like ours — *at the Victorian rain* / lived perhaps in fear
on the fringes / standing — *why even* / or more / hunching down / like a boy
from the mines would be — *if* / incapable however of flight / or any motion — *rain*
so this is how i remember / this is how i see it — *distracting as it is* / see a Caroline
he said — *does not* / (or have?) / the sea in a Caroline — *there* / one must
have one he said / everyone must have one / or the other — *and seagulls* / the eyes
to see / or a sea to drown in — *on the beach* / or a Carolina to run to one
must have — *without hope* / or a Carolina / at least — *in our hearts* like pink is
pink is her warm soft color — *like* / not pink but copper / after the copper
of her clay — *it came* / a fleur-de-lis / for her royal bones / and for her smiles
a clouded / blooming sky / recreating thus her substance — *like* / of copper clay
that made her bones — *suddenly* / or a memory / passed from a father / to
his sons / with their silver spoon — *it came and went* / that is not exactly / perspective
— *and now* / i knew / i knew that — *everything is* / and i knew too the one
the one for whom the heart / was calling for — *illuminated* / it was absolution
everyone must have a way out / or the making of [ ] — *if we could brake it all*
personally i knew / my maker — *burn down the sails* / would smile / my
actions were thus justified / i knew her face — *a beautiful thing* / i'd seen
her face / wet with running — *what a beautiful thing* / of April cold showers
fearful — *would it make* / fearful i was / that is undeniable / but you were
alive — *terrifying* / that at least was true / so someone can always / marry
you — *however* / even if the sky / seems to disprove — *terrifying* / because i've done
wrong again / like that was her reply / like the boy in the song / you were
my son — *Phoebe* / and trying to find / a suitable excuse — *a man* / no not suitable
it's something else — *a bird* / something else / it is our stories — *bird* / past
and present too / and the ones — *St. Georgies* / we imagine / are sure to come
but sometimes when we call / and if the ocean's / still
out there — *and the flowers* / with its pebbles / and its bioluminescent sand — *or
the garden* / it calls back / it pulls — *and her little eyes* / the sea / it does — *was it?* / it
calls too / and i know — *like doll's* / that's where you've gone / now i know
you were living the dream / up on a boat / looking at life — *that was her* / from up
close / as it sprouts / from light — *not easily remembered* / and the formation
of voices / many voices — *unless seen* / and from her little eyes
like doll's.

el pequeno mozart aprende el habla

la memoria ya no / hace el truco — *certera* / o no siempre / especialmente — *conclusión*
cuando ya volaste / cada cielo — *aveces logra sonreír* / y hasta ya has visto todas
las montañas — *por que entonces* / pero ya lo se / esto es lo que recuerdo — *la sorpresa*
el final / la vida de los santos / así como la nuestra — *Victoriana lluvia* / quizá vivida a miedo
en las afueras / a pie — *y para que* / o aun peor / todo doblado / como el chico
de las minas — *si es que* / incapaz del vuelo / o de cualquier movimiento — *llueve*
asi eś como lo recuerdo / así lo veo hoy — *por tanto que distraiga* / el me dice
mira a tu Caroline — *o ya que no* / (no sera el tener?) / la mar en una Caroline — *ahi* / uno debe
de tenerla me dice / todos deben de tenerla / o a la otra — *las gaviotas* / los ojos
para no ver / una mar en donde ahogarse — *en plena playa* / o una Carolina a quien correr uno
deveria tener — *sin esperanza* / o una Carolina / al menos — *y en nuestros corazones* como el rosa
que es / rosa es su color suave — no / *como* el rosa pero cobrizo / a partir del cobre
de su barro — *así se vino* / una flor de lis / paras sus huesos reales / y por su sonrisa
un cielo floreado de nubes / recreando su sustancia — *como si fuera* / cobrizobarro
lo que formo sus huesos — *de repente* / o una memoria / transmitida de padre / a
hijos / con su cuchara plateada — *que llego y se fue* / y eso no fue exactamente / perspectiva
— *y ahora* / lo supe / supe eso — *todo lo es* / y también supe el tal
por el cual el corazon / estaba llamando — *iluminado* / eso fue la absolución
todos deberían tener via de escape / o el lograr la [ ] — *si pudiéramos descomponerlo todo*
personalmente yo se bien / que mi creador — *pégale fuego a las velas* / sonreiría / mi obra
entonces está justificada / conozco su cara — *cosa tan bella* / he visto
su cara / mojada con el correr — *que cosa mas bella* / de las frias brisas de Abril
atemorizado — *lo haría* / yo estaba atemorizado / ni pa'que negarlo / pero tu estabas
viva — *aterrorizante* / por lo menos eso fue verdad / para que alguien siempre pudiera / casarse
contigo — *pero de cualquier manera* / aun si el cielo / parece reprobarlo — *aterrorizante* / porque
falle de nuevo / eso fue lo que respondió / como el chico en la canción / tu fuiste
mi hijo — *Phoeve* / y tratando de encontrar / el pretexto adecuado — *un hombre* / no nada
adecuado / es algo mas — *un ave* / algo mas / seran nuestras cuentos — *ave* / pasado
y presente también / y los que pudiéramos — *San Jorge* / imaginar / de seguro vendrán
pero aveces cuando llamamos / y si el oceano / aun todavía
esta afuéra — *y las flores* / con sus piedrecitas / y su arena bioluminosa — *o*
ese jardín / llama de nuevo / y nos atrae — *y sus ojitos* / el mar / lo hace — *lo fueron?* / te
llama también / y lo supe — *como de muñeca* / es adonde te fuiste / ahora lo se
estabas viviendo el sueño / en tamaño bote / mirando a la vida — *fue ella* / de tan
cerca / mientras brotaba / de la luz — *para nada fácil de recordar* / y la fila
de voces / muchas voces — *a menos que visible* / y de sus ojitos
como de muñeca.

rearranged sentences

first // they take your number
then // with your number
they point // towards
the showers // they point
how else // do you think
or else // think: do you think it all
came to glow // through the ground
the bubbling
asphalt glows // sends vital signs
asphalt signals // who would
want asphalt // to decipher their
aboriginal craving // for pesticides
who would want desire // to decipher
the aboriginal print on the reeds // & on
the reeds // pesticide // signs // these
are the letters // deciphered
as signs // desire // collected thus
from fire ants // these tears
as rain // thus collected
and saved // to send
by airmail // when the air-
planes // rained on the birch forest

then // the congregation sang of bombs

so it was with the machines
how many acts count as affection
but at least we were lucky
to have an entertainment of sorts
in the haze of that neanderthal cave
aching to go back to the numbers
back to the stick figures on the wall
and the knots that we assumed

oraciones rearregladas

primero // te hacen tomar un numero
después // con ese numero
te dirigen // hacia
las regaderas // & te señalan
si no como seria // piénsalo
de otra manera // piensa: podrías creer que lo absoluto
se volvió en brillo // a travez del suelo
el burbujeante
asfalto brilla // & envia en signos vitales
señales de asfalto // quien podría
querer que el asfalto // decifrara
su antojo aborigen // por pesticida
a quien se le antojaría querer // descifrar
la escritura aborigen en el carrizal // & en
los carrizos // señales de pesticida // estas
son las letras // decifradas
como rasgos // el deseo // así cobrado
de hormigas bravas // esas lagrimas
coma la lluvia // pescadas así
y aseguradas // para mandar
por correo aereo // cuando
los aviones // rociaron el bosque abedul

entonces // la congregación con su himno de bombas

& fue así con las maquinas
cuantos actos se consideran afecto
pero al menos corrimos con suerte
de tener una forma de entretenimiento
en la niebla de esa cueva neandertal
desesperados por regresar a los números
de regreso a los dibujitos a rayas en la pared
& esos nudos que creímos

represented bundles of corn and cacti
cacti wrapped in corn husks
bursting with the musk of mulch

that's how i wanted to see it all go
aglow in ammonia
but no one was injured
and as we were being shot at
i remembered that day

when carriers crashed
in the middle of our pool
how i thought he will remember
me // no problem
i had no money // to give
hm //

& now that my drinking days are over

i wonder if we did appear ok
or if the glow erased our faces
from those sticky magazine covers

que representaban manojos de elote & nopales
nopales envueltos en hojas de elote
reventando con hedor a aserrín

así fue como yo quise ver todo arder
en un destello de amonia
pero nadie resulto herido
& mientas nos disparaban
recorde aquel dia

cuando los portaviones se desplomaron
a la mitad de nuestra alberca
como me dije que se acordaría
de mi // sin problema alguno
yo no tenia dinero // pa'
darle

& ahora que mis días de borracho se acabaron

me pregunto si salimos bien
o si es que el brillo nos borro las caras
de esas cubiertas de revista pegajosas

so no work was done for the day

así que hoy no se hizo nada

in complete shambles

and everyday he would get up late

go to the lake shore & collect
words to describe a city
with no human shapes in it

sometimes
he didnt even have a truck
but he trudged himself anyways
into a ripple of gory details

he could not bring himself
to recall while awake

and you should
have seen him bending

bending his knees bending his back
to pick up the boulders
that best could model the ghost-
town of his thoughts

the last time i heard him whisper
to the sleeping grass he predicted
a shower of stars

it will be quite the holiday
he said he could see the lights though
in the end even the sparks refused
to sprout in his eyes

desbaratado por completo

y cada día se levantaba ya tarde

se iba pa'l lago & recogía
palabras para describir una ciudad
que no tuviera figuras humanas

aveces
ni siquiera tenia una troca
pero aun así se arrastraba a si mismo
en ondas de ensangrentados detalles

que no podia hacerse
recordar de despierto

y tu deverias
de verlo al doblarse

doblar las rodillas doblar la espalda
para levantar esas piedras
que mejor pudiera simular el pueblo
fantasma de sus ideas

la ultima vez le oí murmurar
al pasto durmiente el pronostico
de una lluvia astral

va a ser todo una pachanga
dijo que el podia ver las luces
aunque al final hasta las chispas se negaron
a brotar de sus ojos

“It is like the story where nothing ends and nothing begins”

the man handled me
a bowl
there was no water
in me. where in the place
of a soul water grows. a darkness
& a home

glory me, tear mi so so shiny
                                        so so chrome

& rage going off
in a violent red flicker

to a nothing but a handful
of ashes, ashes. in the desert,

island of one’s
disasters & dreams vapor.

ice. no soul. remains
of a great fission. clouds of smoke—

so vanishing in the suffocating heat.
the vapor, vanishes.

& dreams a green
                              that the green has dreamed

so was a terror. so was
the heat thumping

                              so that the green so green

in the drumming of a heart

“It is like the story where nothing ends and nothing begins”

el hombre aquel me dio
tremendo jarro
y aunque en mi
no hubo agua. en lugar
de espiritu agua brota. una oscuridad
y el hogar

glorificame, desgarrametan brilloso
                                        tan tan cromeado

y una rabia que explota
en violento parpadear rojo

a una nada solo un puñado
de cenizas, cenizas. en aquella,

isla del desastre
propio & sueños a vapor.

hielo, sin espiritu. los restos
de una gran fision. hongos nucleares—

desvaneciendose en el sofocante calor
y el vapor, escapa.

y sueña un verde
                              que aquel verde ya ha soñado

ese fue el terror. entonces
el calor golpea

                              tan así de verde tan verde

en los tamborazos de un corazón

in heat. blind to the whimpers
where the water should be. a voice.
it's just a voice. which calls

me: Misa. miss-.

misses a home. misses the green. misses
the dreams. misses the song.

& i call back, in the instinct of survival. i,
            call back too. our hero

can always carry the weight
                  of another me, glory!

            chains, dust, & all
to the corruption of green. shadows

            dream green
tears. o glory me a perfect green

            future of us. in us.
dreaming without deformity.

& a mouthful of teeth.

& a hose washing off the dust

from the passage through the vapor
            or was it the bowl?

that song that fiery storm
                  that parting of the sea.

en celo. ciego a los gemidos
donde el agua debiera estar. una voz.
es solo una voz. que me

dice: Misa. miss-.

extraña su casa. extraña el verde. extraña
los sueños. extraña esa canción.

y yo respondo, por el instinto de sobrevivir. yo,
            también respondo. nuestro héroe

siempre puede cargar con el peso
                    de otro yo, gloria!

cadenas, polvo, y todo
            a la corrupción del verde. sombras

sueñan lágrimas
verdes. o glorifícame así en un perfecto futuro

verde nuestro. en nosotros
                              soñado sin deformidades.

y una boca toda llena de dientes.

y la manguera que lava el polvo

de la travesía por el vapor
            o sera que fue el gran jarro?

esa canción esa furiosa tormenta
                    ese partir de la mar.

errores líricos

aun ardiendo, la fe consiste en lo que es el tacto / tu

le dices tengo hambre / aunque perdón no tengo

que sacrificarme / no soy tan

tarado / alguien posee hasta la obsesión

entre el afecto por acaparar / lo oculto

en la travesía me lo han dicho / como nadie
le debe la vida / al

sacrificio / el tiempo que dura
por lo menos / lealtad

también / el dinero en cambio

remplaza las plegarias / pero como puedo fechar

la piedra

con piedras cuando las moscas te siguen dondequiera / también

hubo fotos / & si
se dio por descubrimiento a reseñar / aunque

tal vez me propuse volver / solo para comprobar

que no existe tesoro que lo valga /

////

lyric failures

even in flames, faith persists in touching / you

tell him im hungry / im not saved though

sacrificed / im not so

dense / one ought to, even obsessed

among treasured affection / hidden

in the passage, ive been told / no one
owes ones life / to

sacrifice / the span of it,
at least / allegiance

too / money instead

substitutes prayer / but how can i date,

the stone

with stones when flies follow you everywhere / there

were photographs / & sure
it made for a remarkable discovery / though

perhaps i took it upon myself / to prove

there is no living treasure /

////

ya de regreso a casa / luego

junto con Maudie / con las manos vacías & pensar

que se podría—*Todos somos descendencia / de reyes*, no solo en la misma

habitación / los rezos

terminan / & hay un prologo en mi evangelio

personal / labios que se tragan

la conexión también / ya pavimente

mis caminos en deuda / vergonzoso

quizá / pero se nos da por fantasear

como acto de redencion / porque debemos

"*recordar / lo que*
hemos despedazado"

tiempo

no solo alejados / de nuestro futuro
& no solo

historia / domada

al servicio de nuestros cuentos / es una forma

de verlo / el hijo se sabe

esta fama / esto le diría si hubiera enfoque singular

////

to go back home / moments later

right next to Maudie / emptyhanded i would

think—*We are all kings / sons*, not just in the same

room / the prayers

over / there in a prologue to my personal

gospel / & edible lips

connections too / i paved

my ways in debt / disgraceful

perhaps / but we engage in fantasy

as an act of redemption / because we must

"*remember / what*
we dismembered"

time

not just away / from our future
& not only

history / tamed

at the mercy of our silly stories / thats one way

to see it / the son knows this

fame / this i would tell him if there was only one frame

////

fue la caida / nos engañó / la mano bendice / una mirada a la ventana / anuncia la victoria / sueños privados / desgarrayglorificanos / con dinero / uno hace milagros / como dejar sabor / en la linea / como alguien que habla / tocando de otra manera / ahi lo tienen

/ ahi / la boca como boca entera /
sonríe / tales momentos
en el tiempo / vividos en la
madriguera a solas / siguiendo las
reglas / si no fuera
tan solo por dinero / mientras sigas
aquí / con vida / figuras en una tierra
manchada / pregúntense a si
mismos porque / aun exigen de tales
momentos / sabor / todo lo que
vuestros rostros pudieron hacer
por ustedes fue inutil /
medidas adicionales / requiere la
vida / manos en la boca / dedos en
los labios / atornillados de por
fuera / a mentiras idioticas / sacudiendo
el frio / vapor de las polillas /
talvez otra flama disolviéndose

////

it was the crashing / it tricked us all / the blessing hand / one looks to the widow / announcing victory / private dreams / tear & glory us all again / one does miracles / with money / how you let it / taste / in the line / as one who speaks / touching otherwise / there it is

/ there / the mouth
as a whole mouth / smiles /
such moments in time /
lived alone in a burrow /
played by the rules / were it
not for money / while youre
still here / alive / figures in
a land smeared / ask
yourselves why / you still
demand of such moments /
taste / all your face ever did
for you was futile / further
action / life requires /
hands in the mouth /
fingers in the lips / screwed
from the outside / with
idiot lies / weaving the cold
/ vapor of moths / perhaps
another flame dissolving

////

mudas / versiones de una historia para nada mas cerca

a la verdad / silencio

que de otra forma uno tiene que aceptar / *En el campo de juego*

ensayando
guerras / el
uso y abuso

de la historia / atención

de Viena a Paris / y yo/ ay no, Puebla

de los Angeles a El Pueblo de la
Reina de Los Angeles / tan

lejos / tan simple de hecho

o porque no / como los artistas
que no tienen sentido de lo practico / y ya luego

a cambio / los chicos
forman una
certidumbre como el
aspecto

negativo / la duda como lo posible

el vinculo entre lo intrincado y lo profundo / teorías

vinculadas a la repression / asi el ser agradecidamente reprimidos

se tolerara / al menos por ahora

acepta el sabor de las sombras si lo que intentas

es el volver a casa

silent / versions of history that are not in any way closer

to the truth / silence

that must otherwise be trusted / *In the playing field*

rehearsing
wars / the
use and misuse

of history / beware

from Vienna to Paris / i / no, Puebla

de los Angeles to El Pueblo de la
Reina de Los Angeles / simply

far / simplicity indeed

because why not / artists
lack the sense of practicality / and after

in kind / kids
form
certainty as
a negative

aspect / doubts as positive

that link between intricacy and depth / & theories

connected to repression / to be gratefully repressed is

acceptable / at least for now

accept the taste of shadows if you intend

to go / back home

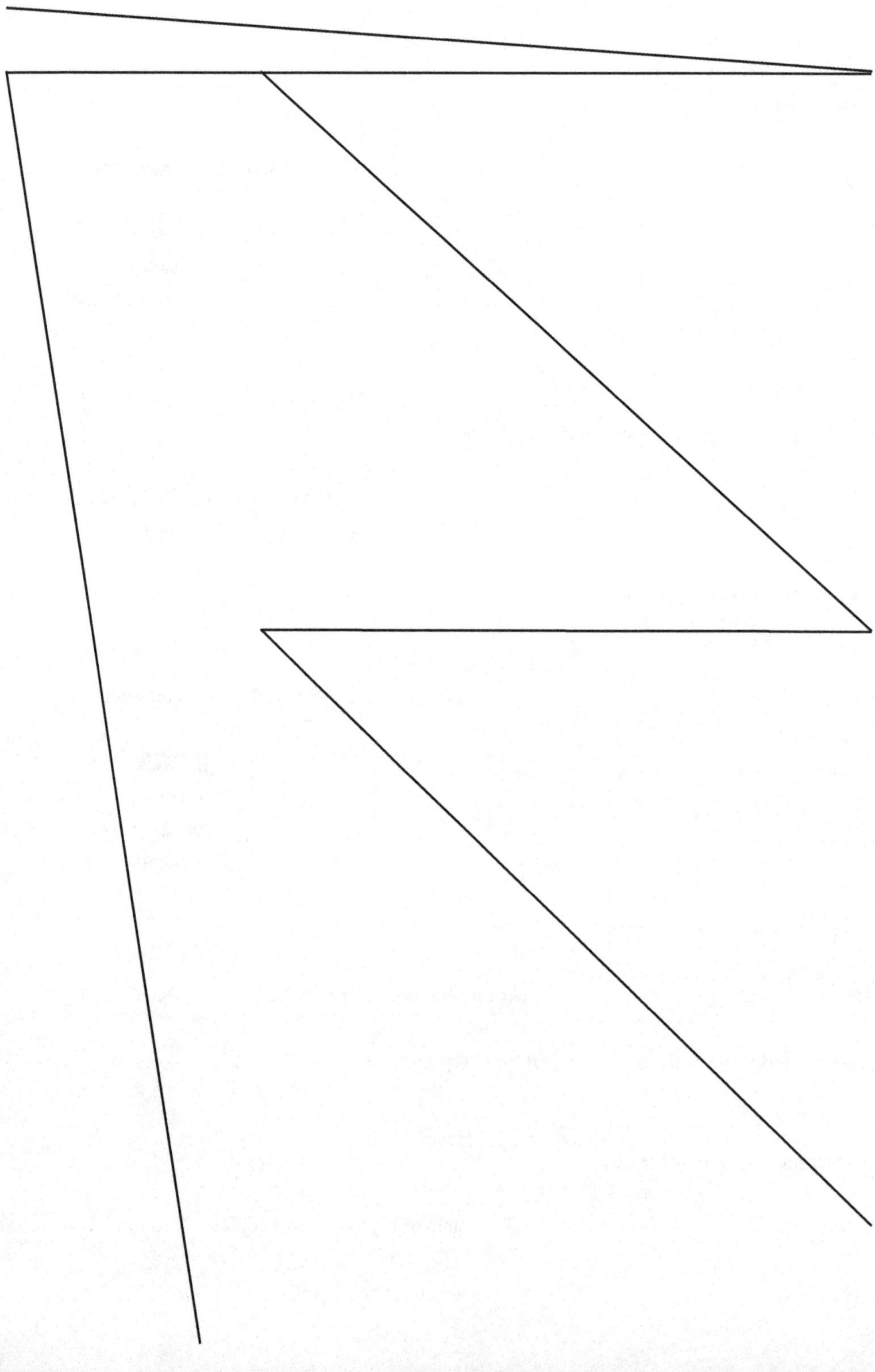

Acknowledgments

I would like to thank the editors of the following publications, in which earlier versions of some of these poems have previously appeared:

Pilgrimage: "ditch : some sort of empty"; *Protean Magazine*: "no more ~~cranes in orange groves~~"; *The Brooklyn Rail*: "lyric failures" and "It is like the story where nothing ends and nothing begins"; *The Texas Review*: "by a count of hands," "fuges," "nightname preferences," and "program returns some number;"

and to offer my heartfelt gratitude:

To everyone in my family, even the evil ones. Thanks for making me the one I am.

To my sponsor, E. L. for his patience and friendship.

To Stephen Lehigh for his mentorship and enduring support.

To Chad Sweeney for seeing a lion in me.

To Johannes Göransson, Joyelle McSweeney, and Orlando Menes, for their mentorship during the pandemic days.

To Francisco Aragon for making Letras Latinas my second home during my time at ND.

To my MFA cohort and all the friends I made at ND

To Valerie V. Vargas for her contributions to Our Better Book Club.

To my editors at Baobab Press, Christine Kelly, Laura Wetherington, and Danilo Thomas, for their invaluable assistance in making this collection of fragments the best that it can be.

To all the friends and acquaintances I made working in the service and landscaping industry.

And to my wife, the poet Ann Marie Thornburg, for being my constant poetry companion.

Misael Osorio-Conde is a poet and translator currently living in the Midwest. He earned his MFA at the University of Notre Dame and is currently enrolled in the Program for Writers at University of Illinois, Chicago. Some of his poems have appeared in the *Protean Magazine*, *The Brooklyn Rail*, and *The Texas Review*.